U0946206

文 征○编著

中国物資出版社

图书在版编目（CIP）数据

情感营销 / 文征编著．—北京：中国物资出版社，2011.4

ISBN 978-7-5047-3789-2

Ⅰ.①情… Ⅱ.①文… Ⅲ.①市场营销学 Ⅳ.①F713.50

中国版本图书馆 CIP 数据核字（2011）第 019116 号

策划编辑 黄 华

责任编辑 范虹轶

责任印制 方朋远

责任校对 孙会香 饶莉莉

中国物资出版社出版发行

网址：http：//www.clph.cn

社址：北京市西城区月坛北街 25 号

电话：（010）68589540 邮政编码：100834

全国新华书店经销

北京画中画印刷有限公司印刷

开本：710mm×1000mm 1/16 印张：13.75 字数：218 千字

2011 年 4 月第 1 版 2011 年 4 月第 1 次印刷

书号：ISBN 978-7-5047-3789-2/F·1489

印数：0001—4000 册

定价：28.00 元

（图书出现印装质量问题，本社负责调换）

前言

人是感情动物，人的情绪、情感对其行为有着极大的影响。在物质产品和各种商业服务日渐丰富多样的今天，人们的消费越来越趋于感性，由此而来，一种新的消费时尚——情感消费悄然出现，情感因素逐渐成为影响消费者消费行为的重要因素。

以往，消费者对产品关注的重点是其使用功能和使用价值，是产品能否给他们带来有效的用途。而如今，消费者选择产品的关键变成了喜欢不喜欢、感觉好不好，他们更希望在购买及使用产品或服务的过程中体验到不同的美好感觉，体验到不同的情感满足。也就是说，消费者对于产品和服务有了更多的情感需求。

与此相适应，营销也应转变为情感营销。运用情感营销策略，是应对感性消费时代到来的最佳手段。情感营销是市场发展的一种必然趋势，谁掌握了这种趋势，谁适应了这种趋势，谁就能够在商业竞争白热化的营销中取得成功。这是因为，“感人心者莫先乎情”，在情感消费时代，真正能够打动客户、吸引客户购买产品的，往往是因为营销员和产品能够带给客户更多的情感满足。只有能够运用情感营销策略，更好地满足客户的情感需求，营销才能最终取得胜利。因此，在营销中，我们必须转变观念，将营销重点放在客户的情感体验上，以最大限度地满足客户情感需求的营销策略来赢得更多客户。

运用情感营销策略，就是要以情感为卖点，学会贩卖“感性”，运用“感性”的力量来俘虏客户的心，进而使客户心甘情愿地购买产品和服务。在营销中，影响客户消费情绪进而影响其消费行为的因素主要有三个大的方面：商品本身、人员服务以及购买环境。商品本身包括商品的功能、外形设计、包装、价格等要素；人员服务是指营销人员、维修人员等为客户提供的咨询和售前、售后服务等工作；购买环境包括卖场情境、与产品或服务有关的各种宣传、消费者普遍的消费心理等除了产品本身以及人员服务以外的因素。情感营销策略就是要从这三个基本元素的各个细节着手，在这三个方面设法注入更多感性的元素，通过情感包装、情感促销、情感广告、情感口碑、情感服务等手段，带给客户更多的感官和心灵愉悦，调动客户的积极情感，从而激发客户的购买行为。

情感营销是一门内容丰富的学问，更是一门艺术，是帮助营销员踏上成功之路的重要手段和工具，每一个渴望成功的营销员都必须掌握这门学问和艺术。然而，在现实中，虽然很多营销员都知道情感营销的重要作用，但却常为找不到实施情感营销的方法而苦恼，不知道如何更好地运用情感营销策略，以至于自己虽然工作异常辛苦、努力，但仍然收效甚微。

为满足广大营销工作者的需求，我们特编写了本书，以期为营销工作者提供有效的情感营销方法和理论指导。本书从剖析客户的情感需求开始，通过如何管理客户情绪、如何与客户交流情感、如何促进客户对产品和服务的情感投入、如何通过圈子进行情感营销、如何进行情感服务等各方面的内容，为营销员提供实用而有效的情感营销方法，是一本不可多得的情感营销操作手册。

作　者

2010 年 10 月

目 录

的其实是一种情感需要，营销员必须要明确客户究竟需要体验怎样的情感。只有这样，才能挖掘产品相应的情感价值，以满足消费者的情感需要，从而有效地促进销售。

客户的情绪是影响其购买的重要因素，一般情况下，良好的情绪会促进销售过程的顺利进行以及交易的完成；反之，不良的情绪则可能会使销售过程遭遇阻碍。在整个销售过程中，客户的情绪会随着其内在与外在的各种因素发生变化，营销员若把握住了客户的情绪，就容易把握住商机。因此，做好客户的情绪管理就成了营销员的重要功课。

能够把冰卖给爱斯基摩人的营销员一定是个“营销天才”，但是，把冰卖给爱斯基摩人却是一种不道德的做法，因为它卖出的是客户不需要的东西。真正有效的营销首先就要考虑到客户的需求，把客户真正需要的东西卖给他。因此，营销员绝不要满足于用花言巧语把冰卖给爱斯基摩人，而是要投入真感情，考虑到客户的需求，只有这样，才会有好的业绩。

营销过程既是营销员与客户进行有关产品或服务信息交流的过程，也是彼此感情交流的过程。人都是情感动物，客户购买产品的过程也是抒发情绪情感的过程，如果与客户交流信息的过程中缺少了感情的交流，营销就会变得缺乏生气。因此，与客户交流信息，更要与客户交流感情，只有感情同步，沟通才更有效。

对于营销员来说，最成功的销售结果莫过于客户能够重复购买你的产品，而不是只做了一次你的客户就转向别处去购买同类产品。客户能够持续性地消费你的产品，这表明客户信任并忠诚于你和你的产品，这种信誉的建立会帮助你扩大市场，极大地促进你的销售。因此，要有成功的营销，就要让客户对你和你的产品的情感逐渐深化，不仅要他满意，更要让他忠诚。

孤立的、一对一的营销往往会花费我们大量时间、精力以及资金，但如果我们以具有同类特点的群体为目标，借力使力，充分利用圈子成员相互之间的强大影响力，营销工作就会容易得多，也更加高效。因此，营销员要设法把客户纳入自己的营销圈子，要学会经营自己的营销圈子，快速地扩大自己的营销范围。

在营销工作中，服务是至关重要的一个环节。在情感营销时

代，充满感情的服务会比产品本身更能让客户感动。就像一台计算机，产品只是硬件，而感性服务则是附之于上的软件，缺乏软件，计算机肯定无法良好运转，即使能够销售出一些产品，也会很快“死机”。因此，营销员要学会给客户提供充满感情的、全面尊贵的服务，以此促进销售良性循环下去。

第一章
谈生意其实就是在谈感情
——给客户放一点情债

当前，产品或服务能否带给消费者情感上的满足已成为影响消费活动最为重要的因素，情感消费成为当今时代必然的趋势。在情感消费时代里，谈生意其实就是在谈感情，谁的产品或服务能最大限度地满足消费者的情感需求，谁就会获得消费者的青睐。所以，要成为一名营销高手，首先就要学会给客户放一点情债。

把营销过程当成情感交流过程

推销工作98%是感情工作，2%是对产品的了解。

俗话说：“士为知己者死，女为悦己者容。”情感往往决定着人的行动，这时候理智的卫道士反而无能为力。这就是情感营销的实质。

如今，人们购买产品，看重的不仅仅是商品数量的多少、质量的好坏以及价钱的高低，更是为了获得一种感情上的满足，一种心理上的认同。也就是说，决定购买行为的不再是产品的使用价值，而是产品和服务的感性价值。既然消费是一种感性消费，那么销售也就相应地提高为情感营销。

情感营销的核心就是营造“感性”，是从消费者的情感需要出发，唤起和激发消费者的情感需求，诱导消费者心灵上的共鸣，寓情感于营销之中，让有情的营销赢得无情的竞争。

两名报纸零售员站在一起争客户。他们销售同一种报纸，价格也是一样的。但其中一位卖出的报纸是另一位的4倍。为什么呢？

原来，一人每卖出一份报纸会说“下一位”，而另一人每卖出一份都会说“谢谢您”。当然，后者要比前者更受客户的欢迎。

只要有选择的机会，消费者就有权利说：“我买，我愿意。”因此，销售过程最关键的部分应该是与客户之间进行情感互动。都说人心难测，但是一旦你俘获了对方的心，他就会心甘情愿地按照你的意愿去做事。

美国推销大王乔·坎多尔福曾说过：“推销工作98%是感情工作，2%是对产品的了解。”对产品的理解再深刻，如果在销售过程中没有感情，那么客户也可能不买账，因为他买的不光是产品的使用价值，还在买一种心灵感受。

在某个大城市里，有一块停车场的业主为他的停车场找不到停车的人而心烦。他不明白人们为什么对自己立在路旁上写有“停车”二字的广告牌视而不见，他认真想了几天，于是又把广告牌换成“在此停车”，但仍没几个人在他那里停车。

就在他愁眉不展之际，有一位老者告诉他，可以把广告牌改成“停车有保障”。于是他照做了，结果他的生意立刻红火起来。

为什么会出现这样的结局？很简单，因为“有保障”添加了一些情感因素——给了客户温暖和踏实的感觉。别看只有简单的3个字，却一下子俘获了客户的心。如果把销售过程当成情感交流，一切行为都以“情”字为基准，找到产品与客户的情感沟通的纽带，进行准确的定位和有分寸的“切入”，使客户持续不断地感受心灵的冲击，即能潜移默化地影响客户的心理，从而全力激发其潜在的购买意识，达到“润物细无声”的巧妙作用。

世界上什么是最难替代、千金不易的？情感。优秀的质量、卓越的品质、低廉的价格、方便的购买渠道……它们都太容易被抄袭、被超越了。但情感不会轻易更改的。与你的客户建立情感联系，让他们因为情感而选择你的产品、服务，那么你的销售不但会变得更有人情味，你的业绩也会变得更加稳固。

把营销过程当成情感交流的过程，以下几个方面的内容是必须要注意的。

1．情感包装

无论你要销售什么，都会遭遇很多竞争对手。如果你的产品和你都没有个性，或者不符合客户的个性需求，那么你的产品和你就没有吸引力，那么你的销售注定要以失败而告终。因此，在销售之前，你要对你的产品和你进行情感包装。

当然，这个情感包装包括很多方面的内容，后文会有逐步的介绍，这里只举一个简单的例子，比如，你要销售一种嘻哈风格的服装，那么你的服装和言谈举止就不能显得很严肃。

2．情感促销

你的销售态度要更符合客户的情感需求，因为客户不仅来买商品，而且还买态度，买感情。这就要求营销员不能把销售看做简单的贩卖，不以拿到产品利润为目标，而要和客户进行情感交流，给客户提供更多的情感服务，只要能打动客户的心，那么他就很容易产生购买欲望。

3．情感递进

要让销售渗透情感交流，就要不只关注产品，还要关注客户的生活，揣摩客户的内心情感。这就需要更多的产品之外的情感对话。对话的方式方法也有很多，后文会有针对性的介绍。

总之，当客户有金钱、有需求、有能力时，他凭什么要选择你的产品、服务？请给他一个强有力的情感理由，让他愉悦！让他产生安全感和信任感！让他感受到自己的独特性和价值感！

营销就是和消费者谈恋爱

真正高明的营销就是和消费者谈恋爱，用产品的情感因素吸引消费者的感情，让消费者爱上产品。

真正成功的营销，不仅要把产品卖到消费者的手中，更要把产品卖到消费者的心里，让消费者发自内心地说出“我就是喜欢这个产品”。下面就是一个非常典型的例子。

杜邦公司成立之初，主要以生产火药为主，在1938年之前，美国公众对杜邦公司绝无好感可言。然而，该公司在1938年生产出第一双尼龙丝袜后，就逐渐受到了公众尤其是女性公众的认可和欢迎。这种半透明、性感、有弹性的尼龙丝袜吸引了广大爱美的女性，她们也因此蜂拥至各个出售尼龙丝袜的百货公司和零售店。仅仅一年的时间，杜邦公司就卖出尼龙袜子6400万双，超过了当时美国成年女性的总人数，而当时一双长筒尼龙丝袜的价格相当于一只昂贵的手表。

为什么这种穿着并不舒适的尼龙丝袜会如此受到女性消费者的青睐，并能够卖到如此之高的价格呢？答案是女性消费者买丝袜是在购买对自身的贴身呵护，她们购买的是一个性感的自我形象，购买的是男人们在她们腿部留恋的目光。杜邦公司为尼龙丝袜添加了必要的情感因素，正是这种情感因素吸引了众多的女性，使她们喜欢上了这种产品，并趋之若鹜。

爱美是人之常情，尤其是女性；希望获得男士的青睐，这也是女性的一种情感需求。而尼龙丝袜正好满足了女性的这些情感需求。因为喜欢，所以购买，这就是杜邦公司的尼龙丝袜深受女性消费者欢迎的原因，哪怕它穿着并不舒适。

如果某种产品所被附加的情感吸引了消费者，满足了消费者的情感需求，就会使消费者在潜意识里对该种产品产生好感，直至深深地爱上它。而对产品的这种好感或爱恋一旦形成，就会让消费者发生重复购买、价格敏感度降低、对产品产生信赖和忠诚等一系列的连锁行为和情感反应。“情人眼里出西施”，如果消费者真正喜欢上某种产品，这种产品就会成为消费者情感的载体，变得异常珍贵，直至消费者不惜成本地买下它。

所以说，真正高明的营销就是和消费者谈恋爱，用产品的情感因素吸引消费者的感情，让消费者喜欢上产品，爱上产品。谈恋爱与营销有很多共通之处，比如锁定消费者就是确定追求目标；利用产品个性化的“卖点”来吸引消费者的心，就是恋人用自身的优势吸引对方；设法表达产品能够带给消费者的利益以增强消费者对产品的喜爱，就是不断与异性交往交流加深彼此的感情；等消费者完全接受了产品，就会与产品“联姻”；在“联姻”之后，营销员的售后服务要使消费者满意，形成消费者对产品的忠诚，以防“第三者”插足……

如果说，在营销过程中，产品和消费者是“恋爱”的双方，那么营销员就是媒人，而产品的情感价值比其功能价值更容易赢得消费者的“芳心”。一个不善于营销的人和没有被赋予情感的产品，就好比不会说话、不善于表达感情的男人，他有可能真心喜欢某一位姑娘，但由于在姑娘面前笨嘴拙舌，“我爱你”这句话迟迟说不出口，就很难打动姑娘的芳心；同样，如果营销员不能将产品的卖点尤其是情感卖点很好地表达给消费者，即使营销员知道某个人是该产品潜在的消费者，也难以将生意做成。

人的本性是喜欢索取而不愿意给予，但是面对自己所爱的人，给予却比索取能带来更多的快感，因此他（她）会不吝惜付出。同样，若消费者真正喜欢上某一种产品，就会不惜代价地购买它。

所以，要成为一名优秀的营销员，那就要扮演好“媒人”的角色，设法发现产品和消费者的情感共通点，赋予产品鲜活的情感生命力，把产品变成消费者的恋人，用产品的情感卖点打动消费者的心，让消费者与产品建立情感联系、爱上产品。这样，无论销售什么产品，都会使自己的营销工作无往而不利。

让客户感觉你和他是同类人

聪明的营销员要设法寻找自己与客户的共同点，让客户产生与你是同类人的亲近感。

俗话说，“物以类聚，人以群分。”具有相近的品行、相同的爱好、价值观以及人生观的人们之间更容易形成稳固的群体，彼此之间也更容易接受对方的观点和建议。在营销过程中同样如此，如果让客户感觉你与他是同类人，那么，客户就更容易接受你对产品、服务的介绍或购买建议。

已近中年的王大姐是一家服装店的老板，她能言善辩，待人热情，脸上总是挂着微笑。无论什么顾客，王大姐似乎都能够很快地与其打成一片，找到双方的共同语言，找出让对方感兴趣的话题。而这一点成了王大姐生意红火的一个重要原因。

如果是与自己同龄的中年顾客，王大姐会与他（她）谈论孩子、家庭生活、婆媳关系、柴米油盐等话题；如果买衣服的是青春少女、年轻小姐，王大姐会谈到该顾客与自己的女儿都会遇到的恋爱问题、求职择业问题、与父母的关系问题等；如果是老年顾客，王大姐就会寻找顾客与自己的母亲或邻居老太太的相似之处，用这样的话题激起顾客的心理共鸣……

由于王大姐善于根据不同的顾客谈论让顾客感兴趣的话题，这常常会让顾客觉得自己与王大姐有相同的或相似的生活经历或感受，觉得王大姐能够更容易地理解自己的快乐和烦恼，容易把她当成一个知己、与她有更多的交谈，因此也更喜欢在她这里买衣服。

可以说，王大姐是一名交际高手，她善于把客户拉拢到自己这一边，让客户感觉她与自己是同一类人。这无形中拉近了客户与自己的心理距离，更容易让客户在情感上接受自己，在与别人有相同的产品的情况下，她的生意兴隆也就很自然了。

要让销售工作更顺利，销售员就要努力让客户觉得你与他是同类人。而要让客户产生这种感觉，销售员就要积极寻找双方的共同点，表达相同的或相似的感受，也就是说努力寻找双方的共同语言。

小文来到一家眼镜店买墨镜，她发现有一款墨镜正是自己的偶像李宇春曾戴过的，就招呼售货员说要买下，并淡淡地说这款墨镜李宇春戴过。

新来的售货员没有经验，她没有明白小文提到李宇春是什么意思，没有理解小文说这话时的情绪。售货员根据自己对李宇春的评判对小文说："李宇春啊，我可不喜欢那个假小子，感觉她有点变态。"小文听到这句话后脸马上阴了下来。她没有买墨镜，而是转身走出了眼镜店。

这名售货员并不知道，正是自己最后这句话惹了祸，戳到了小文的"痛处"，把自己放到了客户的对立面，生意也自然就告吹了。可见，如果客户发现自己与销售员没有共同语言或是对立的，他（她）就不愿意与销售员发生买卖关系。

很多营销高手都善于通过观察、语言交流等方式寻找与客户的共同语言，了解客户的各种心理感受，并适时地表达自己也有同感，以激起客户与自己的情感共鸣。比如，客户说自己曾经在南方生活过，营销人员会说自己也在南方生活过，并说出自己在南方生活的某些感受和体验；客户说自己喜欢看某部电视剧，营销人员会说自己也喜欢看那部电视剧，并兴高采烈地与客户谈论相关的情节；客户诉说自己养育孩子的辛苦，营销人员会说自己的孩子也让自己焦头烂额；客户在用某个牌子的电器，营销人员说自己也在用同一品牌的电器，等等。在谈论这些话题时，客户会觉得营销人员和自己是一样的，会觉得自己的情感能够得到营销人员的理解和支持，心理上会与营销人员有一种亲近感。

寻找与客户的共同语言并不是一件很困难的事情，比如，可通过观察对方的年龄、穿着打扮、说话的语气语调寻找双方的共同点，可通过名片或谈话的内容寻找双方的共同点，比如是否是同龄人？是否是老乡？是否是校友？是否有相似的经历？是否有相似的生活背景？是否有相同的爱好？是否有相同的愿望或理想？……能发现彼此的共同点，客户就容易产生与营销人员是同类人的亲近感，这就会为下一步的有效互动打好基础，使生意朝着能成交的方向发展。

总而言之，聪明的营销员要设法寻找自己与客户的共同点，让客户产生与营销人员是同类人的亲近感，有了这样的情感铺垫，生意就会有更多成功的可能。

产品无情，客户无意

营销员在销售产品时要给产品赋予一定的情感上的意义，用情感去打动消费者。

人们的消费行为会随着社会的发展和生活水平的提高而发生变化，从

20 世纪中期到现在，人们的消费行为发展大致可以分为三个阶段：第一阶段是从 20 世纪中期直到改革开放，这一阶段为“生存时代”，人们的一切消费行为和生活方式是为了满足最低层的需要——生存；第二阶段是改革开放以后直到 20 世纪末，这一阶段为“生活时代”，人们的消费行为和生活方式是为了追求更高的需要——生活，购买某些产品比如电冰箱、洗衣机是希望自己能够生活得更好；第三阶段是进入 21 世纪以后，人们迎来了“生感时代”，在消费行为和生活方式上开始追求更能满足自己归属与爱、尊重乃至自我实现等需要的感性商品。

“生感时代”的到来告诉我们，越来越多的消费者在选择产品时，已经由物质实用型过渡到了精神享受型，即消费者在产品选择上除了考虑其基本使用功能、满足生理需求以外，更加注重产品能够带来的情感的满足。也就是说，产品无情，客户就无意，能够承载消费者某些情感的产品更能赢得消费者的喜爱，更容易进入消费者的视野和生活，更容易被消费者选择和使用，而那些没有被赋予情感的产品则容易被消费者忽略甚至是排斥，这就是产品的情感效应。

为了适应“生感时代”消费者所产生的新的消费需求，很多商家在推广产品时都着力打出了“情感牌”，在产品的广告中注入了某种情感，以增加产品的附加值，力求用情感来打动消费者。这是利用产品的情感效应而进行的情感营销战略，往往会对消费者产生巨大的感染力和影响力，在销售产品中能实现更大的赢利。

纳爱斯的“雕牌”洗衣粉就是因为一次成功的情感营销，而在行业内的知名度大增，赢利也扶摇直上。

1999 年，纳爱斯花费了 1 个亿的资金在电视上投放了一则广告。一时之间，全国人都被这个亲情故事打动了：妈妈下岗了，为找工作而四处奔波。年幼的女儿心疼妈妈，在费力地帮助妈妈洗衣服，感人的画面伴随着天真可爱的童音：“妈妈说，‘雕牌’洗衣粉只要一点点就能洗好多好多的衣服，可省钱了！”天已经很晚了，妈妈找工作无果而归，她正想亲吻熟睡中的女儿，却看见了女儿的留言——“妈妈，我能帮您干活了!”妈妈不禁感动得热泪盈眶。

1999年之前,“下岗”工人在我国是一个庞大的群体,他们一方面面临着巨大的就业压力,一方面还要承担着养家糊口的重担。“雕牌”洗衣粉的广告正好把这个庞大群体里家庭中浓浓的亲情再现出来,直击人心,这种母女相依为命的画面和声音怎能不让人为之感动呢?

正是在每日不绝于耳的“妈妈,我能帮您干活了”的狂轰乱炸中,“雕牌”洗衣粉带着浓浓的亲情走进了千家万户,“雕牌”的形象也深深地刻在了消费者的脑海中。这则亲情广告的重复播出,让“雕牌”洗衣粉的销量获得了突破性的增长,只用了一年的时间就登上了全国销量第一的宝座。而在20世纪80年代中期,在全国118家有名有姓的化工企业中,纳爱斯仅仅排名第117位,倒数第二。对于这种转变,做产品广告时打情感牌的营销战略功不可没。

同样,雅芳的成功也是因为很好地利用了产品的情感效应,将产品赋予了某种情感价值,以此来打动消费者的心。

雅芳自始至终都非常清楚消费者对产品的热爱不只是产品本身,而是其中所赋予的情感附加值。因此,雅芳提出卖情感就是卖产品。于是,雅芳除了把口号叫做“比女人更了解女人”之外,连美白产品也和“爱情”扯上了关系。

2003年上半年,雅芳推出“美白”系列,并在《时尚》《瑞丽》《世界时装之苑》《上海服饰》等诸多女性杂志上刊登了大量的广告。不论硬广告、软文还是企业专题,都是在围绕“爱情和美白”做文章,并提出了大量的经典广告语,如“持久”方面的:“我的美白,像爱情一样持久”,“爱情若无法像‘美白’般持久,再多承诺也没有用”;也有关于“背叛”的:“爱情就该像持久‘美白’,不轻言背叛!”

爱情是永恒的话题,也是对化妆品趋之若鹜的美女们异常关注的话题。雅芳通过系列化造势让自己的美白产品史无前例地和爱情扯上了关系，产品销售不火才怪呢。在这种爱情广告的影响下，2003 年雅芳的销售额达 24 亿元，可见，情感营销创造的价值是多么可观。

产品的情感效应之所以能够促进消费者的购买行为，是因为社会的发展和人们生活水平的提高，使得人们对于物质生活的需求已基本得到满足，而更加注重精神上的需求和情感上的满足。这就使得消费者对于产品或服务在情感上的需求已远远胜过对其物质上的需求，因为，拥有情感附加值的产品或者服务更能使消费者产生精神上的愉悦和情感上的满足，使他们产生超值购买的感受。

营销员在销售产品时要充分利用产品的情感效应，给产品赋予一定的情感上的意义，用情感去打动消费者。下面这个案例就是利用情感效应的很好的例子。

在一家酒吧门口，一个卖花的女孩儿在叫卖，发现从酒吧里走出来一位男士，她立即迎上前去。

“先生，看你这么年轻帅气，你的女朋友一定很漂亮，她一定很崇拜你、很爱你，买一束玫瑰花送给她吧！”

男士被夸得很得意，问女孩儿：“多少钱一束？”

女孩儿说：“不贵，20 块钱一束。花有价，但爱情无价，你说呢？女孩子都喜欢玫瑰花！她接到这束花就会感受到你对她浓浓的爱意，她一定会非常高兴，会更加爱你……”

于是，男士毫不犹豫地掏钱买了一束。

可见，优秀的销售员不仅仅是在卖产品或服务，更是在卖情感。设法让产品或服务传情达意，这样，才能使产品和服务真正进入消费者的内心。

先把自己推销给客户

无论推销什么产品，要先将自己推销给客户，然后再将真正的产品推销给客户。

世界上最伟大的推销员乔·吉拉德认为，推销的秘诀并非推销产品，而是推销自己。他说：“我一辈子只在推销一件产品，那就是我自己。”他始终在用心地打造好自己这件世界上独一无二的“产品”，努力让客户喜欢自己、接受自己。

正因为客户很喜欢乔·吉拉德，所以他们都喜欢找他买车。由于乔·吉拉德的良好的影响力，使人们口碑相传，来自美国各地的人们都蜂拥而至，排着长队找他买车，有的甚至为了买他的车而等上7~10天。这使乔·吉拉德这个35岁时还一无所有的失败者缔造了自己的销售王国，他连续12年荣登世界吉尼斯纪录世界销售第一的宝座，总共销售了13001辆汽车，被誉为世界上最伟大的推销员。

乔·吉拉德从着装打扮、言谈举止，到产品介绍、销售过程、售后服务等各方面都努力做到让客户喜欢自己。比如，他每天都会着装整齐、干净体面，脸上总带着易让人亲近的微笑，言谈举止都很有修养。他有一个习惯，就是只要碰到人，他马上就会伸手到口袋里拿出名片，递给对方并告诉对方说：“给你一个选择：你可以留着这张名片，也可以扔掉它。如果留下它，你就知道我是干什么的，在你需要帮助的时候就会找到我。”不管是否从乔·吉拉德这里买车，乔·吉拉德都会给客户以最细致入微、无可挑剔的服务；乔·吉拉德从来不占客户的便宜，他卖的车总比别的车行要便宜些，而他只赚一点点利润；每逢节日，乔·吉拉德还会给每一个客户寄去一张卡片，上面写上各种祝福语，这让客户感觉很温馨。

乔·吉拉德的种种举措使得他越来越受到客户的欢迎和喜爱，他成功地将自己“销售”给了客户，这是他能够成为世界上最伟大的推销员的重要原因。

所以，要想成为优秀的营销员，我们首先要经营好自己这件“产品”，先把自己推销给客户，努力让客户喜欢自己、接受自己，要时常想一想自己的方方面面是不是给了客户一种愉悦、安全、踏实、易亲近、温暖或温馨等一些美好的感觉，让自己这个人给客户一种美好的情绪情感，而不是让他对我们产生反感和厌恶。

要能够成功地将自己推销给客户，这需要营销员做好各个方面的功课，因为客户从一开始接触营销员就从情感上默默地对他的各个方面进行着评判。

1. 面部表情的魅力

营销员的面部表情非常重要，它可以拒人于千里之外，也可以使陌生人立即成为朋友，营销员富有魅力的面部表情常常会拉近自己与客户的心理距离，促成交易。所以，营销员要学会微笑，使自己的面部表情丰富起来，可经常对着镜子训练，让自己的面部表情更加富有魅力。

2. 注意言谈举止

每个人都喜欢言谈举止很有修养的人，尊重自己也尊重客户，这是客户对营销员最基本的要求。所以，营销员不妨多学习一些交际礼仪，学习一些谈话的艺术和技巧，加强自己的人生修养，在与客户互动的过程中注意自己的言谈举止，努力成为一个让客户喜欢的人。

3. 产品介绍不要夸大其词

很多营销员为了更快更多地销售自己的产品，常常会将自己产品的优点无限制地夸大，甚至对客户提出的产品的不足极力掩盖。这其实是很不明智的。对产品的介绍若夸大其词就会给客户一种不踏实、不安全的感觉，使客户对营销员产生反感或者会有被欺骗的感觉，反而会影响交易。

4. 对客户的帮助和服务要专业而热忱

这一点毋庸置疑，对于产品的了解和使用，营销员一般要比客户更专业。要赢得客户的喜欢，无论是在销售前、销售过程中，还是在销售后，营销员都要努力做到：对客户的帮助和服务要专业、热忱。专业就是要通过自己的帮助和服务让产品发挥出最大的效用；热忱就是要全心全意为客户服务，真心实意地考虑到消费者的利益和需求。

以上这些方面的内容在以后的章节中还有更为详细的介绍。总之一句话，无论营销员推销什么产品，自己是更为重要的一个“产品”，聪明的营销员总是先将自己推销给消费者，然后才将真正的产品推销给消费者。

利用客户档案提供情感服务

营销员在建立和使用客户档案时要用心、用情，让没有生命的客户档案也附加上情感的价值。

做销售，进行客户管理是必不可少的工作，而客户档案又是做好客户管理工作的重要参考依据。所谓客户档案就是详细记录客户各种有关信息的资料，包括客户的基本资料、产品交易过程、详细的咨询服务过程等各种内容。台湾“经营之神”王永庆就非常善于运用客户档案，以此来为客户提供周到的帮助和服务。

王永庆只有小学文化程度，但他从解放前开始经营米店时起就颇为用心。王永庆用借来的200元钱作本金开了一家小型的米店，他每次给顾客送米，都要打听这个家庭有多少人吃饭，每个人的饭量如何，了解这家的经济状况，据此，估计这家下一次买米的时间以及方便付款的日子。王永庆把这些信息都认认真真地记在一个本子上，到时候，他就会按照记录的时间主动提前将米给顾客送过去。

不过，由于当时嘉义（属中国台湾）大多数家庭都靠做工谋生，收入微薄，很少有闲钱。主动送米上门，如果当时就收钱，免不了会碰上有些顾客手头紧。因此，每次去送米，王永庆并不急于收钱。他把全体顾客按发薪日期分门别类，登记在册，等顾客领了薪水，他再去一拨儿一拨儿地收米款，从未让顾客因为钱的问题而难堪，顾客因此信任并喜欢王永庆，也从不拖欠他的米款。

实际上，王永庆记录在本子上的信息可以说就是一种简单的客户档案，他充分利用这种记载客户详细信息的档案，从客户的利益着想，想尽办法方便、服务客户，因此生意越来越好。

每一名营销人员所接触的客户肯定不止一个，尽善尽美地做好每一个客户的管理工作，充分、全面地掌握每一个客户的详细信息是必不可少的。所以，营销人员要将通过各种途径收集到的有关客户的信息资料都详细地记录下来，建立详细的客户档案。

需要注意的是，建立客户档案不仅仅是把客户的有关信息记录下来就了事，而是要根据客户档案对客户的需求和市场情况进行认真的分析、思考，从中发现颇具价值的商机，并借此为客户提供更为周到、细致的服务和帮助，真正做到“急客户之所急，想客户之所想”。在情感营销时代里，客户档案也应该充满情感，只有这样，才能让客户档案成为连接营销人员和客户的情感纽带，从而更有利于营销过程的进行。

下面这位早教课程营销员就是通过建立充满感情的客户档案，加深了自己与客户的情感联系，她也因此赢得了更多的客户。

小吴是一家早教中心的早教课程营销员，她是个很有爱心也很细心的姑娘。每次了解到某一个客户的一点儿信息，她都要认真地记录在客户档案里。小吴记录的客户档案内容非常丰富，除了孩子和父母的基本信息之外，她还详细记录了每个孩子喜欢吃的食品、喜欢的颜色、喜欢的玩具、喜欢与之在一起玩的人，记录了孩子和妈妈每次上早教课时的表现、孩子的进步和成绩，她还时常将上课时孩子的精彩表现用相机拍下来并将照片贴在客户档案中……

涵涵和妈妈就是小吴的客户，她们真切地感受到了小吴的贴心服务。过生日的时候，涵涵会得到小吴阿姨的生日祝福；“六一”儿童节到了，涵涵会收到小吴阿姨给她买的、她也很喜欢的玩具或食品；上早教课时有些涵涵妈妈都没有注意到的女儿的行为细节，小吴却能详细地说出；到了孩子打疫苗的时间，小吴也会提醒涵涵妈妈不要忘了给女儿打疫苗……而能够做到这一切，小吴详细的客户档案发挥着非常大的作用，客户档案中的很多信息都可以成为小吴用心服务客户并让客户感动的机会。

涵涵妈妈对小吴的举动非常感动，她觉得小吴对自己的孩子真的非常用心。早教课程结束的时候，小吴将有关涵涵的客户档案给涵涵妈妈看。涵涵妈妈非常感激，她将客户档案内容全部复印了下来，因为其中有些事情连她自己都已经不记得了。为了表达对小吴的感激，涵涵妈妈又连续给小吴介绍了好几个客户。

可见，充满感情的客户档案能更容易地赢得客户的心，拉近营销人员和客户的心理距离，这必然会使自己的营销工作顺利进行，也能够赢得更多的客户。

客户档案要尽可能地包含客户的各种有关信息，比如，客户的姓名、电话、家庭住址、生日、职务、家庭情况等个人基本情况；客户的消费喜好、消费习惯、消费变化；客户消费产品的起止时间，对于使用产品或服务的反馈，如对产品或服务的评价和意见，对产品改进的期望等；客户的其他兴趣爱好，消费产品之外的活动，人际交往情况等。客户资料越详尽，我们越有可能为客户提供细致周到的服务，也会有更多的机会对客户进行情感营销和服务。

让客户档案充满情感，这其中大有文章可做，可根据客户档案的有关内容挖掘进行情感营销的契机。比如，在客户生日的时候，送上一束鲜花或打个电话祝贺其生日；根据客户的喜好在节日里送上客户喜欢的小礼物；在客户使用产品到一定时间时提醒客户进行产品的免费检修；根据客户的兴趣爱好，邀请客户参加同类客户的交流活动，介绍有共同语言的客户相互认识，等等。

总之，充满情感的客户档案是营销人员进行有效的客户管理和良好的客户服务的得力助手，是连接自己和客户情感的重要工具。所以，营销人员在建立和使用客户档案时要用心、用情，让没有生命的客户档案也附加上情感的价值。

服务，要做到让客户感动

你做到了客户能想到的，客户会满意；你做到了客户没有想到的，客户就会感动。

成交并不是营销过程的结束，服务也是营销中必不可少的环节，它甚至比成交更为重要。在服务过程中，情感更要渗透其中，而且，我们的服务不仅仅要让客户满意，还要做到让客户感动。把服务做到让客户感动，这是最高境界的营销，这样能够让消费者更加热爱和忠诚于产品和服务。

把服务做到让客户感动，台湾企业家王永庆给我们做出了很好的榜样。

王永庆16岁时在台湾嘉义开了一家米店。当时，小小的嘉义共有米店26家，竞争非常激烈，而王永庆的米店规模很小，地处偏僻，又缺乏知名度，在新开张的那段日子里，生意很冷清。尽管如此，王永庆还是靠感动客户的贴心服务赢得了越来越多的客户，使得自己的生意越做越大。

那个时候，稻谷加工都非常粗糙，大米里有不少糠谷、沙粒等异物。这种现象非常普遍，买家和卖家都习以为常，见怪不怪。而王永庆却从这里找到了突破口。每次，他都要将夹杂在大米里的糠谷、沙粒等统统清理干净。这样一来，他店里的米质就比其他米店要高一个档次。客户当然愿意用同样的钱购买更干净、更高档次的大米。

当时的台湾商界还没有送货上门一说，而王永庆却增加了这一服务项目。无论晴天下雨，无论路程远近，只要客户需要，王永庆立即将米送到，而且免收服务费。此外，每次给客户去送米，他都要帮客户将米倒进米缸里。如果米缸里还有米，他就会先把旧米倒出来，将米缸刷干净，然后再将新米倒进去，将旧米放在上层。这样的话，米就不至于因陈放过久而变质。这个小小的举动让很多客户深受感动，都铁了心专买他的米。

像这样让客户感动的服务细节还有很多，正是由于王永庆处处替客户考虑，大家一传十，十传百，他的名气越传越大，生意也越来越好。从一家小米店起步，王永庆最终成为今日台湾工商业界的“龙头老大”。

别人能做到的、客户期望的服务，王永庆做到了；别人没有做到的、客户没有想到的事情，王永庆也做到了，所以他赢得了更多客户的忠诚和专一。营销过程中，服务工作如果仅仅做到了让客户满意，那只能说是做好了营销的本职工作，这只会让客户觉得营销员做的这些是应该的。而如果做到了让客户感动，则客户就会感觉所购买的产品大大地物超所值，自然会对这个营销员、对这种产品更加忠诚。

很多人觉得做销售很难，认为客户很难接受自己和自己的产品，即使最初使用了自己的产品也难以持续消费。其实只要把工作做细，尽己所能服务好客户，用心去发现客户的各种需求，不仅仅做到让客户满意，还要用细致的服务去感动客户，当客户为你感动的时候，销售就会水到渠成。

当前，营销领域的竞争不可谓不激烈，很多同类产品的使用功能、技术等方面相差不大，要在激烈的竞争中取胜，细致入微的服务就显得特别重要。对于每个营销员来说，客户就是“上帝”，让客户真正享受“上帝”的待遇，给客户无微不至的精细化服务，这是一个优秀的营销员应该做的事情。

有这样一句话：“你做到了客户能想到的，客户会满意；你做到了客户没有想到的，客户就会感动。”单单只是“优秀的服务”不能产生客户对产品的忠诚，使客户产生忠诚更要给客户提供“卓越的服务”，也就是说，不仅要做到“客户期待的服务”，还要做到“超过客户期待的服务”。

某旅游胜地的酒店接待服务在这方面是一个典范。

在客户抵达该酒店的第二天早晨，在大厅里和他擦肩而过初次见面的服务生会问他："早上好，××先生，昨晚在观海平台上的正餐怎么样啊？"第一次见面的服务生能够叫出自己的名字，这会让客户感动；如果客户在逗留期间到海边野餐，当要下雨时，他会发现不知道什么时候服务生已经拿着伞站在自己旁边了，并邀请自己到游泳池边的屋檐下安装好大雨伞的桌前就坐。

这就是"超过客户期待的服务"，这就是让客户感动的服务。这也正是这家酒店生意源源不断的原因。所以，要成为一名优秀的营销员，服务工作不仅要做到让客户满意，不仅要做好"客户期待的工作"，还要发现并努力做好"超过客户期待的工作"，让客户感动。

给客户超出买卖关系的帮助

给客户超出买卖关系的帮助，在客户最需要帮助的时候，给客户帮助而不是推销产品，客户会更容易感动。

帮助客户解决困难也是营销员服务工作的一部分。对大部分营销员来说，帮助客户解决有关产品及使用方面的困难都容易做到，但帮助客户解决与产品无关、与营销行为无关的困难，却是难以做到的事情。

在双方的买卖关系之外，给客户最需要的帮助，这会增加客户对自己的依赖和忠诚度，更有利于营销工作的顺利进行。每一个客户都不可避免地会遇到各种困难，在这种时候，客户所关注的是如何尽快解决眼前的困难，而不是购买某种产品。如果营销员知道某个客户遇到了某种困难，就要想办法帮助客户解决困难，哪怕这种困难与自己的业务无关，这其实也可以为自己的营销工作提供便利，让客户更依赖自己、更信任自己，从而更愿意购买自己的产品。

山东省青岛市烟草公司崂山营销部的客户经理陈凯一直践行“用心用情，服务客户”这一服务理念。自从他接手所管辖的片区后，该辖区的卷烟销量逐月递增，各项指标均居崂山营销部的前列：实现客户满意率100%，明码标价率100%，拜访到位率100%。为此，陈凯还被评为“全省优秀客户经理”“全国优秀客户经理”……面对诸多成绩和荣誉，陈凯的话却格外朴实：“客户经理，就是要给予客户最需要的帮助，从客户最需要的做起。”

当地有一家小有名气的卷烟零售商店，店主经营卷烟十几年，经营能力和赢利水平不断提升，生意日渐红火。当有人问店主有什么经营秘诀时，他笑着说：“我可没有什么经营秘诀，我的店能发展到今天，多亏了烟草公司‘110’的帮助。不管我在经营中以及生活中遇到什么困难，只要一个电话，烟草公司的‘110’便会在最短的时间内赶到我这里，帮我处理解决。”

这名店主所说的烟草公司的“110”，指的就是为他服务的客户经理陈凯。为了让零售客户在遇到困难时能第一时间找到自己，陈凯的手机总是24小时开机。每次一接到电话，他就马上赶到零售客户店里，帮助其解决难题，他不仅帮助客户解决生意上的难题，还帮助很多客户解决生活中的难题。因此，他被辖区零售客户亲切地称为烟草公司的“110”。

除了担任客户的“110”，陈凯还经常把有限的工资借给零售客户当周转资金，或帮助零售客户改善经营环境；周末的时候他不是陪女朋友去逛街、看电影，而是带着她一起去帮零售客户整理货架、擦拭柜台……

就这样，陈凯总是在客户最需要的时候给予他们帮助，及时帮助他们解决困难。正如他自己所说的：“客户经理，就是要‘想客户之所想、帮客户之所需、急客户之所急’。”正因为如此，陈凯才受到了广大客户的拥戴，也使自己的营销成绩日渐突出。

可以说，陈凯能够做到让客户感动，不仅是因为他在生意上帮助了客户，更重要的是他给了客户很多买卖关系之外的帮助，这是值得我们营销员学习的精神。相反，对下面事例中保险营销员的做法，我们却应当引以为戒。

小李一家刚搬了家不久，他还不满4岁的儿子有一天傍晚突然失踪了。他发动全家人分头去寻找，找遍了大街小巷，依然毫无结果。于是，小李报了警，一会儿，警察也配合他们一起寻找孩子。

小李的妻子就在他们家附近找，为了看儿子是否已经回家，她不得不多次返回家中，发现儿子没有回家之后，她再出门去另一个方向寻找。有一次回家时，她遇到了一名保险营销员，就问对方有没有看见自己的儿子。在保险营销员说过没有看见孩子之后，他竟然向小李的妻子推销起了儿童意外保险，告诉她如果孩子发生意外可以获得高额的赔偿金。

小李的妻子正为儿子失踪而心急火燎，保险营销员的做法让她怒不可遏。

在儿子失踪的情况下，小李一家人最需要的是解决目前的困难：找到儿子。而那位保险营销员却相当“不识时务”，没有考虑到他们当前的困难，更没有伸手去帮助，而是在不适当的时候推销自己的产品，其结果可想而知，也许小李妻子一辈子都不会买他的保险。

总之，给客户超出买卖关系的帮助，在客户最需要帮助的时候，给客户帮助而不是推销产品，客户会更容易感动。

第二章

购买是一种情感需要

——明确客户需要体验怎样的情感

无论购买何种产品和服务，在潜意识中，无一例外地，客户总需要体验产品、服务或营销过程带给自己的某种情感，或满足，或开心，或自豪，或温暖，或依恋，或感动……因此说，消费者购买的其实是一种情感需要，营销员必须要明确客户究竟需要体验怎样的情感。只有这样，才能挖掘产品相应的情感价值，以满足消费者的情感需要，从而有效地促进销售。

感性消费：是否购买根据购物时的感觉而定

客户决定购买产品的理由往往不是对产品“好”或“不好”的理性认知，更重要的是由于自己“喜欢”或“不喜欢”的感性态度。

前面我们说过，人们的生活经历了生存时代、生活时代和“生感时代”三个阶段。在生存时代，人们追求买得到和买得起的商品；在生活时代，人们寻求货真价实、有特色、质量好的商品；而在当前这个“生感时代”，人们则注重购物时的感觉和情感体验，这种感性消费是基于消费者个人的情绪情感体验而产生的消费行为，它以个人的喜好作为购买决策的标准，以个人心理满足、精神愉悦为主要的消费目标。

我们常常会听一些人说，“我买这件衣服是因为它穿上去很舒服”“我买这支笔是因为它有特殊的香味”“我买这款手机是因为它的铃声很好听”“我买这个背包是因为它的花纹很好看”“我买这本书是因为它很有意思”……这其实就是购买产品带给人的某种好感觉。

可见，消费者的消费行为更多的是一种感性消费，他们在购物时，常常就是凭自己在购物时的感觉而决定是否购买，他们决定购买产品的理由往往不是对产品“好”或“不好”的理性认知，而更重要的是由于自己“喜欢”或“不喜欢”的感性态度。决定消费者行动的关键就在于他的“感觉”与心目中的“情感”是否吻合。消费者对于产品的价值主要是用心情来决定，只要花的钱和他心目中的感觉需要相吻合，他就认为物有所值，只要买到自己“感觉好”的物品他就会感觉到快乐。

消费感性化，这是社会发展的一种必然历程。据一份“新世纪中国消费调查报告”指出，中国人的消费习惯正表现为由温饱型向享受和自我发展型过渡，让自己感觉舒服逐渐成为新一代消费者的愿望与需求。2003 年上海国际车展期间的数据表明：近 50% 的购车人会认真挑选车型外观，注重轿车外观与自我的一致性，特别是外观的设计风格与性别、身份相符合的车型更受欢迎。女性购车族甚至把车子的性能、品牌、售后服务以及油耗等都排在了外观的后面。

另外，社会的发展和竞争压力的增大，也给人们带来了快节奏的生活、高度紧张的工作和不堪重负的心理压力。这使得人们在消费行为上也开始注重个人主观感受，购物时主要凭借个人感觉进行，不愿意货比三家、价比三家，希望购物过程更加轻松、愉快。这就是说，消费者去购物，更多的是去体验一种心情。

有些人会说，消费者购买易耗品、小件商品是感性消费，而对于消费房子、汽车等诸如此类昂贵的大件商品，可能更趋于理性。不可否认，在选择这些昂贵的产品时，大多数人可能理性成分会更多一些，这主要是由人的经济基础决定的。但是，即使消费者购买这些产品时会更多地考虑到其功能性、安全性等，会理智地将自己的经济实力和相应产品的价值进行对比，但从根本上来说，他还是期望这种产品能带给自己更好的感觉。比如，我们买车时希望这部车看上去要顺眼，坐上去要舒服，用起来要方便，跑起来要稳当等，这些期望仍然有很多感性的成分。更何况，社会的进步使得商品更加多元而丰富，人们可选择的同类商品也更多，且同类商品其功能基本上是差不多的。因此，越来越多的消费者更关注的是产品带给自己的良好感觉。

新新人类的一句口号最能反映这种感性消费观——“我喜欢的就是最好的”。在这里，“我喜欢的”常常就是一种感觉。因此，营销员要更多地去了解客户真正喜欢的是什么样的产品和服务，力求让产品和服务给客户更好的感觉。

奢侈品受欢迎，是因为其有炫耀价值

“只买最贵的，不买最好的”，这是奢侈品消费的典型写照。

在中国人的观念里，奢侈品几乎等同于贪欲、挥霍、浪费。但从经济意义上看，奢侈品实质是一种高档消费行为，从社会意义上看，是一种个人品位和生活品质的提升。

奢侈品通常是指那些非常昂贵的物品，即大部分人消费不起的物品。奢侈品涵盖的范围很广，从牛肉、人参到奔驰车，都有可能是奢侈品，如名牌箱包、高级成衣、私人飞机和豪华游艇等。

当今社会，奢侈品越来越受到某些消费者的欢迎，尤其是受到一些女性消费者的欢迎，“只买最贵的，不买最好的”，这是奢侈品消费的典型写照。奢侈品商店对那些普通商品的高标价也许会让普通消费者觉得不可思议，但这些奢侈品却也不乏买者。

在世纪华联优质农副产品专卖柜台上，一千克娃娃菜售价38元，一千克黄色番茄售价34元，一瓶日本纯天然手工制造、没有人工添加物的莲草花蜜果酱售价300多元，这些商品价格都是一般超市里同类商品价格的8~10倍；一瓶标榜经过25年、用12种不同材质橡木桶酿造的陈年意大利进口醋，售价将近2500元，是一般陈年醋的40~50倍。

以上这些商品与普通商品相比，并没有什么神奇的营养，售价却比普通商品高出很多倍。这其中，除了商品的使用价值之外，更多的是商品的炫耀性价值。

很多时候，人们购买一件商品，看重的并不完全是它的使用功能，而是希望通过它来显示自己的财富、地位等。所以，有些商品往往是越贵越有人追捧，比如一辆高档轿车、一部昂贵的手机、一顿天价年夜饭……制度经济学派的开山鼻祖凡勃伦将这种现象称为炫耀性消费，这是在向他人炫耀和展示自己的财力和社会地位，以及这种地位所带来的荣耀、声望和名誉。这样的商品称为凡勃伦物品，也就是奢侈品。这种商品价格越高，需求量就会越大。凡勃伦物品包含两种效用：一种是实际使用效用，也就是商品的使用价值部分；另外一种是炫耀性消费效用。后者由价格决定，价格越高，炫耀性消费效用就越高，在市场上也就越受欢迎。

举例来说，天津一家商场两周内卖出了20多部Vertu手机，这些手机贵的有20多万元一部。按照凡勃伦物品的两种效用来分析，用一部20多万元的手机打电话时，耳朵和嘴巴使用的通话功能可能只有几百元，其余的20万元都打在脸上了；天价年夜饭价格达到了20万元，在享用一顿20万元的年夜饭时，舌头和胃享受的大概也只有几百元，其余的绝大部分也都吃在了脸上。

人们对于奢侈品的倾慕，一方面是来自于奢侈品的纯美品质，另一方面则来自于消费者或多或少的虚荣心。人们追求奢侈品主要有以下几种原因。

（1）奢侈品的使用价值高且比较持久。奢侈品从外观到品质都能逐一体现商品的使用价值。同时某些奢侈品可以作为储藏财富的有效工具，比如，珠宝在保值方面的作用与黄金类似。

（2）奢侈品可以显示一个人的社会地位。奢侈品是富贵的象征，它的品牌魅力是富贵豪华的。从社会学的角度上说，奢侈品是贵族阶层的物品，它代表地位、身份、高人一等的权力，比如，劳斯莱斯汽车就是贵族车的象征。

（3）奢侈品往往以己为荣，追求个性化，奢侈品不像大众消费品，它十分稀少，很少有雷同。

按照凡勃伦的观点，凡勃伦物品如果价格下跌，其炫耀性消费的效用就降低了，这种物品的需求量就会减少。对于一位凡勃伦物品的崇拜者，同样是20万元的手机，如果以1万元的价格卖给他，他也许根本就不屑一顾；同样是一顿20万元的年夜饭，如果请他免费品尝，大概也会被他拒绝。因为这些物品只剩下了实际使用效用，不再具有炫耀性消费效用，也就不再吸引这样的消费者。

奢侈品的这种炫耀价值可以成为营销员能够利用得很好的情感卖点，比如，向那些高端消费者强调产品的独一无二，强调产品较高的价值，强调产品体现的尊贵和地位，以满足客户喜欢炫耀的情感。

情感卖点：你希望客户体验怎样的情感

"攻心为上"，以情感为卖点，将自己希望消费者体验的情感附加在产品上，营销就会稳操胜券。

产品投入市场，能否找到恰当的卖点，这是产品能否畅销、能否获得更多消费者认可的关键。所谓"卖点"，就是指商品具有能够被消费者接受的与众不同的特色或特点。这些特点、特色一方面是产品本身所具有的，另一方面是通过营销策划人的想象力、创造力来附加的。

在情感营销时代，"情感卖点"是产品最为重要的卖点。许多在市场上拥有领导性地位的产品大都是通过情感诉求来实现的，都是以情感作为产品的卖点。比如，越来越多的人以蛋糕作为礼品赠送他人，但许多蛋糕店在制作蛋糕时，流于俗套，往往缺乏人情味。有一家蛋糕店却独辟蹊径，他们采用数码影像技术制作蛋糕，让客户拿来自己喜欢的照片、自己题写的字或自己喜欢的图案，制成可食用的卡片，附加于蛋糕上，使接受蛋糕礼物的人深受感动。这家蛋糕店一个月可接受500多个蛋糕订单，其成功的原因在于不仅仅是做蛋糕，还要为蛋糕赋予某种情感。

同样，乐百氏纯净水靠"爱像水一样的纯净，情像水一样的透明"来打动消费者；"孔府家酒，让人想家"，使众多海外游子闻声生情；养生堂龟鳖丸"献给父母的爱"，也让众多对父母具有拳拳爱心的子女心动，等等，这些都是以情感作为产品的卖点而成功的例子。

如果没有营销策划人赋予产品的情感卖点，产品本身就是没有生命、没有情感的，要让消费者体验到产品的情感价值，营销员就必须努力发现或创造产品的情感卖点。

如何实现产品的情感卖点呢？那就要了解目标消费者的情感需求，明确想要消费者体验怎样的情感，将消费者需要的某一种情感贯注到产品上，用情感的力量来吸引消费者；或者人为地给产品附加某种人类的情感，以此引导消费者对产品的认知和接纳。

比如，同样是一块玉，如果没有附加任何情感，它就仅仅是二氧化硅的一种结合体，其价值也就是开采和打磨的工本费，价格也自然较低，卖不出多少钱。但是，如果在这块玉上刻上“长寿”的字样，并告诉消费者，这是一块“长寿玉”，如果买回去送给老人，老人就能活到150岁。相信这种玉2000元也有人买，因为这买的是一种孝心，是对老人的爱。

同样还是这块玉，如果在上面刻上“平安”两个字，把它当成一块“平安玉”，客户买回去悬挂在自己的车上，预示着不太可能出车祸，即使出了车祸也不会有生命危险。这样，这块玉就会很受欢迎，其价格肯定要比没有附加情感的玉贵得多。

如果再做出与这块形状差不多的玉，把它们捆绑到一起出售，说是一对“情侣玉”，最好在上面刻上两行字：“玉石恒久远，两片永流传”。恐怕这两块玉标价1万元也会有人买，因为对于情侣来说，爱情是无价的，玉石就代表着他们的爱情恒久远，这两块玉会见证他们的爱情。

同样一块玉，我们人为地赋予了它不同的感情，在消费者看来，就有了很大的不同，因为它承载了消费者更多的愿望和期冀，价值自然就高了。

世界上绝大多数同行业的同种产品本质上都是相同的，并没有本质上的差异，其成本也不会相差太多。比如，水和水之间有本质的不同吗？奶粉和奶粉之间有本质上的差异吗？一些产品营销之所以能够成功，主要是他们将同样的产品卖出不同来，赋予了产品各种附加的价值，比如情感价值。将同样的产品赋予不同的情感，就会让消费者对产品产生不同的感受，同样的产品被赋予了情感的力量，这种力量就使得产品与众不同。

生活中，赢得任何一场“战斗”都是“攻心为上”，营销战也不例外。产品卖得好就要找好卖点，明确你希望消费者体验怎样的情感，并将这种情感作为产品的卖点，用情感“俘虏”消费者的心，相信几乎所有的营销都会稳操胜券。

情感价格：给客户满足其情感需要的价格

情感价格要以客户的情感满足为目标，并非价格越低越好，也不是越高越好。

产品的价格不仅仅体现产品的成本、体现产品的使用价值，以情感为卖点的产品还包含情感价格。情感价格也就是产品能够满足客户情感需要所体现的价值。考虑到客户的情感给产品定价往往更能赢得某些客户的欢迎。

1997 年暑假期间，国内各大航空公司纷纷推出了教师凭教师证乘坐飞机可享受六折优惠的活动，这一活动受到了教师们的热烈欢迎。机票的价格相对于普通教师来说是昂贵的，而航空公司实行的价格优惠活动，既提高了飞机的上座率，又圆了教师的蓝天梦，增进了航空公司与教师之间的感情，并且让广大从事“太阳底下最光辉的职业”的教师们感受到了被尊重。同样，某些航空公司在假期还实行学生票半价制度，这体现了对学生的爱护，深受学生们的欢迎。

以上实行六折、半价机票的做法就是一种情感价格的策略，这不但没有削弱航空公司的赢利，反而满足了某些消费者的特殊需求，扩大了消费者的范围，增加了消费者对航空公司的认可。

在确定产品的价格时，把价格与客户的情感需要结合起来，使价格带有“情感”色彩，让客户认识到产品的情感价格，这是一种行之有效的营销策略。

情感价格的制定是在与客户进行良好的情感沟通的前提下，根据客户不同的价值认同和情感需求而产生的。情感价格抛弃了传统的以商品的使用价值为核心的定价，更多的是从心理定价上入手，抓住了人类最美好的一面——情感，以情促销，将客户对商品使用价值的获得与其情感上、精神上的满足有机地结合起来，从而促进产品的顺利销售。

下面这家服装店的店主就巧妙地利用了情感营销策略。

这家服装店新进了一批相同布料的T恤衫，上面各印有不同的文字或图案。这些成本价只有二三十元的T恤衫，因为店主善于在不同的文字和图案上做文章，结果卖到了50元到100元不等，而且销量很好。

这一天，一对年轻的情侣来这家店里看衣服，两人相依相偎的亲密举动让店主觉得他俩的感情很好。于是，店主拿出一件上面印有“爱你到永远”的T恤衫给他们看，“瞧瞧这件衣服，你们穿上多合适，象征着你们的爱情天长地久。穿上它，任何困难都抵挡不住你们的爱情……”

“多少钱?”年轻男孩问。

“衣服有价，爱情无价。这样的衣服对你们如此恩爱的恋人来说，花多少钱都不嫌贵，对不对……这样，给你们便宜点，100元一件给你们。”

最终，店主轻而易举地卖给了这对情侣大小号各一件同样的T恤衫。

同样，对那些上面画有可爱宝宝的T恤衫，店主利用母亲对于孩子的爱以高价卖给了很多已经有了孩子的年轻妈妈或将要做妈妈的女士。

有些人会认为当产品赋予了情感之后，其价格就可以无限制地上升。这种认识是不正确的，因为虽然“情义无价”，重情感的人们对于附加情感的产品常常不计成本，但依据情感的定价并非可以放到所有的情感产品中。情感产品定价最关键的一点是，产品情感价格的高低要考虑到情感体验的主人——消费者的情感需求，上面的几个例子都考虑到了客户的情感需求才使得营销获得了成功。

情感价格要以客户的情感满足为目标，并非价格越低越好，也不是越高越好，而是让客户觉得在这个价格上产品值得购买，能够让客户在感觉上认为产品价格和自己的情感需求、产品使用价值是一致的。比如，奢侈品的定价要考虑到某些客户想体验尊贵、体验较高的地位等情感满足，价格定位上就不能用低价格，甚至没有一点折扣，否则就会让这些客户觉得很没有面子。再比如，有的客户会有贪图便宜的情感需求，这时候产品定价就要稍低一些，或者保持高一些的定价而给客户一些赠品或额外的服务等，让客户能够在情感上接受产品的价格。

总之，对于情感产品，其定价要满足消费者的情感需求，要在产品使用价值的基础上，根据消费者的情感需求再决定产品的情感价格。

创意是一种吸引力，让客户迷上你的产品

创意营销所带来的情感体验能够为产品增添感性价值，启动与消费者之间的情感按钮，从而使消费者成为产品的俘虏。

人都有一种喜欢猎奇的心理需求，这种心理需求若获得满足就会让人感觉非常快乐。如果营销过程或产品有创意，这对客户就会产生很大的吸引力，客户就会比较容易地喜欢上这种产品。

下面这两个例子说明了新奇的广告或创意对客户的影响。

麦当劳的广告一向以创意独特而闻名，其中有一则广告留给人们的印象很深刻：一个坐在摇椅上的婴儿一会儿哭一会儿笑（看到这里，观众一定会感觉很好奇，很想知道其中的秘密）。广告中镜头一转，原来随着摇椅的上下起伏，窗外麦当劳的标志也时隐时现。这个婴儿笑的时候是因为看到了麦当劳的标志，而哭的时候则是摇椅下沉看不到麦当劳标志的缘故。这则有创意的广告不仅在戛纳等广告节上屡获大奖，而且也获得了很好的市场反响，有效地把孩子、欢乐与麦当劳联系了起来，诠释了“欢乐尽在麦当劳”的经营理念，提升了麦当劳的品牌形象。

同样，福特公司的运动休闲车也因其充满创意的广告而吸引了广大客户。

福特最先推出市场的广告活动是针对媒体与目标客户群的试驾大会。大会中，福特公司特意安排媒体记者与客户代表在一处远郊集合，然后共同驾驶 Escape 车，经过了精心设计的崎岖山路，跋山涉水，最后才到达位于郊外的酒店。随后的汽车展示、欢迎晚宴和助兴节目也使所有参与者充分体会到了 Escape 的优越性和其蕴藏的品牌精神。

同样具有创意的户外广告出现在中国台北的金融大楼外墙上，一台福特运动休旅车 Escape 高高地挂在其顶部，下面贴有一幅大标语“路，是 Escape 走出来的”。这个独具特色的广告引起了不小的轰动，吸引了大批路人关注。没过多久，考虑到安全问题，这辆 Escape 车被台北市政府摘了下来，但那长长的两道从地面延伸到楼顶的轮胎印，却成了 Escape的品牌精神的最好写照——“行动无界限，生活更精彩”。

借助于出色的营销创意，福特 Escape 车一炮而红，不仅在几个月的时间内成为媒体、民众的谈论热点，其市场销售也节节攀升。

进入 21 世纪，产品的市场竞争更加激烈，如何在复杂的市场环境中脱颖而出，营销策略起着决定性的作用。传统的单纯靠对消费者进行产品的单向信息灌输来销售产品的做法已很难适应现代社会的发展，而以产品的创新、营销传播的创新、营销服务的创新等去征服客户的举措才能使产品竞争立于不败之地，这种营销策略就是“创意营销”。

不可否认，有了好的产品还必须要有好的营销创意来支持，用创意来吸引消费者的目光，否则，只会使自己的产品淹没于层出不穷的同类产品竞争中。创意营销体现在营销的各个环节，比如，产品的设计和生产、广告宣传、销售过程、售后服务等，这些环节的创造性举措都会增加消费者对于产品的喜爱，吸引消费者对该产品投注更多的情感。

麦当劳和福特 Escape 车都是很好的创意广告宣传的例子。在产品设计方面，具有创意的典型代表是起源于日本的能够“开花结果”的书——瓜果书。瓜果书的设计和制作发轫于无土栽培技术的勃发，人们在外貌像书本一样的产品里面加入了膨化剂、高效营养介质（供种子发芽生长的人造肥料）以及迷你种子，比如黄瓜种子、番茄种子、茄子种子等，表面包装有防水纸。人们购回瓜果书后，只要按照其内附赠的种植说明每天浇水，此书就能慢慢生长出手指粗细的黄瓜、弹丸似的番茄、拳头大的茄子等。一般情况下，一本“番茄书”经培育可长出 150～200 个迷你番茄，一本“黄瓜书”可结出 50～70 根袖珍黄瓜。这种时尚新颖的创意产品在日本一度成为最为畅销的商品，在各地商场和书店均有“瓜果书”出售，而且各种瓜果书应有尽有。

“贵妃”这个名字容易让人联想到“环肥燕瘦、婀娜多姿”的四大美人之一——杨贵妃。每个女人都希望自己青春常在，期望拥有杨贵妃的美与白、丰腴细润。欧莱克“贵妃”热水器美白、嫩肤的新技术为女性消费者提供了实现梦想的途径。在新产品上市过程中传播主题的策划上，“贵妃”大胆地采用了“贵妃，只卖富婆！”“贵妃只卖贵妇人！”“贵妃，拒绝穷女人！”等一系列尖锐、具有争议的话题，短时间内引发了社会舆论的关注和热评。

为了衬托“贵妃”的高贵身份，新品上市期间欧莱克还特意采用了“买贵妃，送黄金”的促销策略，借助黄金来提升产品的档次；为了让消费者在终端体验“贵妃”产品的美肤效果，欧莱克还展示实机并设立体验区，让消费者体验用超氧水洗脸、洗手后的皮肤滑润、细嫩的感觉，让女性消费者获得真实的感受和体验。

另外，在“贵妃”上市期间，欧莱克对外宣布“产品实行一年内有任何质量问题免费包换新机”的服务承诺，不仅私自延长国家三包期，还大胆地在产品销售过程中与消费者签订销售服务合同，确保上述服务承诺的履行。签订服务承诺合同，这在行业内是没有的，开创了服务营销创意之先河。

欧莱克以上这些营销策略可以说是创意在营销传播策划、销售过程以及售后服务过程中的巧妙运用，这是欧莱克品牌产品营销的英明之举，这些策略使得“贵妃”一炮走红。

在产品高度同质化的今天，创意营销所带来的情感体验能够为产品增添感性价值，启动与消费者之间的情感按钮，从而使消费者成为产品的俘虏。要成为一名优秀的营销员，可设法巧妙使用有创意的策略来吸引消费者，比如，给消费者独一无二的赠品，运用创造性的宣传手段、售后服务等来吸引消费者，以增加消费者接受产品的砝码。

唤醒消费者的情感缺失

消费者缺失的情感是很好的营销突破口，如果能够唤醒消费者潜在的情感缺失，往往会使营销更为顺利。

有些产品，消费者能够接受它，主要是因为他存在着对该产品所附加情感的潜在缺失，因此他会通过消费这种产品来弥补自己的情感缺失。

当前的宠物消费就是一种非常典型的因潜在的情感缺失而进行的消费。在养宠物的人群中，有很大一部分是已经退休在家的空巢老人、没有孩子的夫妇、缺少朋友的人以及形单影只的单身人士。随着越来越多的独生子女成家立业，这些孩子的父母提早进入了空巢期，子女大多都不在老人身边，与传统的大家庭相比，这些家庭少了一些天伦之乐，于是空巢中的老人们就通过饲养宠物来实现情感替代或转移；有些因各种原因不能生育的夫妇也会通过养宠物来弥补没有孩子的情感缺失，他们会把宠物当做自己的孩子，当做家庭中的一个重要成员；在当今高楼林立的大都市中，人与人之间的情感联系越来越淡漠，这种人情的淡化在一定程度上加深了人们的情感缺失，使得宠物成为情感支持的一种替代物，某些人就通过建立人与宠物之间的亲密关系来获得某种情感上的补偿和寄托；某些单身人士也会因为寂寞而养宠物，这也主要是为了弥补自己的情感缺失。

宠物消费的情感功能主要体现在情感替代、情感补偿、情感转移等方面，无论是一度流行的电子宠物，还是现实中的活体宠物，其作为商品的功能大都在于通过购买和消费，弥补人们的情感缺失。

以下是一个因情感缺失而进行消费的例子。

小樱和男友相恋多年，他们已开始谈婚论嫁。然而，天有不测风云，小樱的男友在一次意外中不幸去世了，这给了小樱非常大的打击，有好长一段时间她不能接受男友离世的事实。

在意识到男友不能起死回生之后，小樱逐渐养成了这样一个习惯：她每次走进商店后，若发现有不同形态的小熊玩具都会毫不犹豫地买下来。因为“小熊”是小樱给男友起的外号，它成了男友的代称。如今，小樱的家里已经布满了各种各样的大大小小的小熊玩具，几乎占了大半个房间。她将这些小熊玩具当成了自己的男友，每天都要面对它们诉说自己的烦恼和快乐。

小樱男友的离世使她失去了爱情，于是她就用小熊玩具来代替男友，向这些玩具倾诉快乐和烦恼，以弥补自己的情感缺失。

消费者缺失的情感是一个可以利用的营销突破口，在营销过程中，如果能够唤醒消费者潜在的情感缺失，往往会使得营销过程更为顺利。

当然，对于大多数消费者，要了解他们的情感缺失并不是一件很容易的事情。因为就人们对心理安全感的需求来说，大多数人都不喜欢将自己的情感缺失轻易表露出来，而且很多时候，唤醒消费者的情感缺失会让他感到很痛苦。但即便是这样，聪明的营销员也能够根据消费者的眼神表情、某些行为或语言来捕捉他缺失的某种情感，并以此为突破口来促进营销，甚至残忍地在消费者“情感缺失的伤口上撒一把盐”，让消费者觉得自己非买这个产品不可，比如下面这个例子。

李女士正带着她不足1岁的儿子在公园里玩儿，做安利产品销售的小王见到他们母子俩就走上前去搭讪。

小王发现李女士的儿子后脑勺上的头发被磨掉了一圈，她根据经验判断这个孩子缺钙，就和李女士聊起了儿童缺钙的问题。交谈中，小王发现李女士对于儿子缺钙的不利后果并没有重视起来，因为李女士一直在说儿童缺钙是很普遍的事情，现在儿子缺钙也没有影响他吃饭、休息和游戏，不必大惊小怪。

小王意识到李女士并不太了解孩子缺钙会给他带来什么样的后果，于是就毫不客气地指责她说：“我说话你可别不爱听，你这个当妈的对孩子太不负责任了，你对儿子缺钙不管不顾表明你不爱他，你的不作为是在害儿子，你懂吗……”接着，小王又给李女士讲解了儿童缺钙会带来的不利后果，并借势向她推销了安利的儿童钙片。李女士耐住性子听小王讲解了这一大通，为了维持自己在别人眼中“好妈妈”的形象，为了儿子的健康成长，也因为真切地感受到了小王确实是为自己孩子的健康着想，她最后买下了小王的两瓶儿童钙片。

小王的话让李女士意识到“自己对儿子的爱还不完整、还不够好，她还不是一个完全负责任的母亲”，因为李女士没有针对儿子存在的健康问题采取有效的措施，这对于一个想成为合格以及优秀母亲的女人来说就是一种情感缺失。同时，小王还让李女士意识到安利钙片能够帮助她满足这种做母亲的情感缺失。在这种情况下，销售成功也就自然而然了。

很多时候，说实话会伤人，尤其是可能会触及消费者的情感缺失时，更可能会让他产生某种痛苦。但为了让消费者以后不再有这种情感缺失的痛苦，营销员仍可通过唤醒消费者的情感缺失来促进产品的销售，当然这种唤醒要考虑到产品是否能够真正满足消费者的情感缺失。也就是设法了解消费者在产品所赋予的情感方面是否存在缺失，然后让消费者意识到该种产品能够满足这种情感缺失，进而让他做出购买的行为。

积极的促销手段可引导客户消费意愿

要将产品的卖点尤其是情感卖点在促销过程中巧妙地、有效地展现给消费者，以引导消费者的消费意愿。

在新产品上市之初，很多商家都会采取各种各样的促销手段来吸引客户的关注。促销，顾名思义就是指促进销售，积极的促销手段可以引导客户的消费意愿，促进销售的顺利进行。商家可以使用某些促销手段来促进产品的销售，同样，独立的营销员也可以采用某些积极的促销手段来引导客户的消费意愿，刺激消费者的购买行为。

当今，不同产品的促销活动花样翻新，层出不穷，让人眼花缭乱。什么样的促销手段才能真正吸引消费者的目光？如何通过促销来把握消费者的情感需求？如何在促销中做好产品的情感诉求？如何通过促销引导消费者的消费意愿？这是每一个营销员迫切想知道的，也是每一个优秀的营销员需要掌握的技能。

各商家采用的促销方式主要有：赠送样品或纪念品；让消费者当场试用、体验产品；抽奖、摸彩；新产品陈列展览；降价、打折销售；免费提供专业咨询和服务，等等。营销员可学习商家这些有益的促销方式，并根据实际创造性地运用某些积极的促销手段来引导消费者的消费意愿。以下一些促销方式可供营销员参考。

1. 提供专业咨询和服务

给消费者提供专业咨询和服务是较好的引导消费者意愿的促销手段。在销售产品之前或销售产品之时，可给消费者提供与产品有关的专业咨询和服务。比如，销售保健品，就给消费者提供有关营养和健康方面的咨询和服务，宣传相关的科学知识；销售家电，就给消费者提供有关家电使用和维护方面的咨询和服务；销售药品，就给消费者提供有关疾病预防方面的咨询和服务，等等。这种咨询和服务是营销过程中的重要内容，通过这种专业咨询和服务，可以让消费者了解自己在相关产品消费方面存在的问题，激发消费者对相关产品的需求，刺激其消费意愿和购买行为。

2. 产品体验和试用促销

把一定量的产品的样品免费让消费者试用，让消费者在试用后切身体验到该产品的质量和功效，激发其消费意愿和购买行为，这也是引导消费者消费意愿的有效促销手段。一般而言，免费试用广泛应用于价值较低的快速消费品或新品、新技术上市的促销过程中，比如，化妆品、食品、各种家用小电器、各种家务辅助工具，等等。

3. 购买优惠活动

这也是引导消费者消费意愿的一种手段，比如，降价或打折促销、购买赠送礼物、购买产品提供额外服务（比如化妆品促销提供免费美容美体服务）等。如五一、十一、春节等节假日各商家对某些商品进行让利销售，活动结束后，恢复到原来价位，就是典型的购买优惠促销。

购买优惠活动有时会成为一把双刃剑，短期内可提升销量，但促销期结束后，随着价位的回升，该产品销量可能会迅速下降，甚至成为滞销品。因此，在进行这种促销活动的过程中，要加强对产品的功能诉求和情感诉求，让消费者意识到该产品能够给自己带来利益和满足，用产品本身良好的功能和附加情感吸引消费者，而不是仅仅用价格优惠作诱饵吸引某些贪图便宜的消费者。

4. 赠送礼品，颁发奖品

在促销活动中，可设计一些游戏活动等让消费者参与，通过让消费者参与这些活动赠送某些赠品或颁发奖品，赠品或奖品可以是销售的产品，也可以是产品之外的其他物品。如果赠送的是正在销售的产品，最好要具有独特的卖点，能够给消费者带来其他产品无法承诺的利益点。如果赠送的是产品之外的物品，最好能与产品有一定的关联度，比如，促销牙膏就赠送牙刷、促销家电就赠送家电维护产品如洗液等。

当然各种游戏活动、赠送礼品或颁发奖品等形式都是辅助销售的方式，是用来吸引消费者的一个手段，最关键的还要在这个过程中将产品更好地展示给消费者，尤其是要将产品独特的卖点展示给消费者。

当然，以上这些促销方式可以联合起来使用，这样可能会更容易吸引更多的消费者。无论采用什么方式的促销手段，营销员都不要忘记自己最根本的任务，那就是要将产品的卖点尤其是情感卖点在促销过程中巧妙地、有效地展示给消费者，以引导消费者的消费意愿。

美好的体验是消费的开始

美好的体验常常会让产品大大增值，成为决定客户是否消费的重要因素。

客户喜欢某种产品一定是因为他在使用该种产品时能够获得美好的体验，如果使用该产品带来的是不好的体验，那么客户绝对不会再消费同样的产品。因此，为了促进产品的销售，可事先让客户获得某种美好的体验，这往往会成为他消费该种产品的开始。

小贩在卖瓜子等食品时，会让客户先品尝一下，体验一下瓜子的味道，毕竟，小贩说得再好听，客户可能仍不会轻易相信瓜子有多么好吃，客户更在意的是瓜子味道到底如何，让客户品尝就是让他获得真实的体验，这比小贩的卖力吆喝有效得多。同样，卖衣服的让客户试穿，卖车的让客户先试开一下，做美容美体的让客户先体验一下美容美体的感受，等等，这都是为了让消费者获得使用产品时实实在在的体验。

飞跃爱家缝艺是一个通过让客户进行体验而获得成功的典型案例。

家用缝纫机在20世纪70年代曾被誉为家庭生活的“四大件”之一，是家庭生活中非常重要的劳动工具。后来，随着社会的发展，成衣制造业发展迅猛，家用缝纫机逐步退出了历史舞台。按说，销售这种已被“打入冷宫”的家用缝纫机是很难的。

然而，“飞跃”却找到了很好的突破口。买来的成衣几乎都没有个性，这让很多追求时尚和个性的消费者逐渐有了一种情感缺失，而“飞跃”就是从这一点上满足了消费者的情感需要。如果消费者想要在自己的牛仔裤、衬衫袖口、领带上绣上自己想要的图案，或者想用美丽的图案遮盖住衣服破了洞的地方，只要在电脑上选择好图案，缝纫机马上就会帮助消费者将选好的图案绣在衣料上。

如今，在全国各大城市，“飞跃”已开设了许多缝艺吧。在缝艺吧里，客户可以根据自己的喜好，用家用缝纫机在布料上缝绣上相应的图案，即时体验和享受“所见即所得”的快感。“飞跃”的这种做法吸引了大批客户，并使得各种类型的小型家用缝纫机成了畅销货。

“飞跃”时尚缝艺吧面积一般不大，一进门，客户就会感受到在成人世界里久违了的天真，缝艺吧里展示出指导教师和学员们五彩斑斓、丰富多彩的各种布艺作品，还展示并出售各种家用多功能缝纫机。缝艺吧里有专业的教师对客户进行专业指导，指导老师都具有深厚的缝纫、拼布和布艺制作的经验，专业的指导可让学员充分发挥自己的想象力，制作出各种新奇而美丽的布艺作品。有的客户利用“飞跃”家用缝纫机在沙发靠垫、窗帘、桌布、手帕等上面缝绣上自己喜爱的图案，有的用碎布拼贴成五彩壁画、电视墙，有的制作出既实用又美观的布艺包包，还有精美无比的布艺玩偶。

注重体验的营销方式让“飞跃”占领了巨大的市场，使得家用缝纫机不仅成为一种时尚的劳动工具，也成为一种体验新的生活方式的玩具，这是能够为消费者的生活增添价值的情感消费。

“体验”是一种新的价值的表现，产品带给人的舒服的感官刺激、美好的体验能使人产生各种积极的精神享受，使其对产品的印象更深。当消费者使用产品获得了某种美好的体验时，只要有能力，他就很容易去消费该种产品。可以说，美好体验的情感是凝聚在产品上的非常重要的附加价值，尤其是对于一些品牌产品，美好的体验常常会让产品大大增值，成为决定客户是否消费的重要因素。

因此，营销人员要给客户能够体验产品或服务的机会，精心创设“体验”的场景和气氛，创造条件让客户先使用产品和服务，使其在看到、触摸到、使用产品时都产生美好的体验，在体验中积累对产品的好感，最终作出购买的决定。

从性别和年龄说情感营销

年龄和性别是实施情感营销策略重要的参考依据，营销员要根据不同性别、不同年龄消费者的情感需求，采用有效的营销策略。

不同的年龄、不同的性别会有不同的情感需求，这些不同在购物和消费过程中也会明显地表现出来，影响他们的购买和消费行为。因此，年龄和性别也是在情感营销中需要考虑的重要因素。

美国沃顿商学院“杰伊·贝克零售计划”与加拿大咨询公司维德集团曾联合进行了一项关于男人和女人购物行为差异的研究，得出了如下结论：女人们喜欢流连于服装和配饰的海洋，或者顺便绕道鞋类、化妆品等各专柜观摩一番。而对于男人来说，购物是一种使命，他们会事先想好要买的物品，买到后便尽快付钱走人。概括地说，女人喜欢体验购物的过程，而男人们则喜欢尽快获得结果，也就是“男人买，女人逛”。

女人喜欢体验购物过程，就是指她喜欢在购物过程中满足于看到、触摸到琳琅满目的商品带给自己的愉快感觉（比如衣服华丽的色彩、新颖的样式让自己悦目，闻到化妆品的香味等），喜欢在这个过程中感受与人（即售货员）交往互动的快乐，喜欢享受得到某种自己喜欢的商品的成就感。因此她们会不停地与售货员讨价还价，不停地试穿不同的衣服，无休止地在各个商铺间穿梭。

而男人们则相反，他们更可能对购物经历的功利性方面作出反应，比如，是否有停车位，自己想买的东西是否有货，以及收银台排队的长短等，或者说，男人更在意能够尽快购买所需物品后也就是完成任务后的快感。所以，男人很少会在商店内左顾右盼，而是直奔要购买物品的货架，为了购买某种物品很少会“货比三家”，也很少和售货员讨价还价，他们常常是到了商店买到东西就走人。

男性和女性在购物过程中表现出来的这种差别与男女不同的情感特征有关。一般来说，男人理性，女人感性。因此，女人在购物过程中表现出更多的感情色彩，而只有在复杂的购物过程中女性才能体验到更多更丰富的情感；而男人则相反，理性使得他们倾向于简化复杂的购物过程，而直达目标。也正是由于这个原因，一般来说，女性比男性更容易被情感所打动。

如果在营销过程中利用性别差异对男性和女性客户区别对待，投其所好，分别满足男性客户和女性客户的不同情感需求，销售将会取得更好的成果。比如，与女性客户要加强沟通和交流，照顾到女性客户的微妙情绪，尽可能地让女性客户从多方面感知和体验产品以及服务，在销售过程中对女性客户实施更充分的情感诉求，用情感动她。对于男性客户，则不必如此烦琐复杂，而要简单快捷，避免复杂冗长的产品介绍，要着重于介绍产品的功能和质量，而不是过多地强调产品的外观等外在方面，避免无休止地推销、推荐过多的产品，以免引起男性客户的反感。

除了性别，年龄也是情感营销中需要考虑的重要因素，因为不同年龄阶段的人会有不同的情感需求。

就消费行为而言，不同年龄阶段客户的情感特征和需求如下表所示。

不同年龄阶段客户的情感特征与需求

消费者	情感特征表现
老年消费者	怀旧的情绪情感强烈，喜欢购买使用惯了的物品，对新产品常持怀疑和不接纳态度；不容易受广告宣传的影响，希望购买方便舒适的物品，注重价格与实用性的比较；对销售服务要求高，对营业员的态度反应敏感；对保健类商品感兴趣
中年消费者	讲究经济实用，消费行为较为理智和忠诚，喜欢购买已被证明实用的新商品，对能够改善家庭生活条件、节约家务劳动时间的商品感兴趣
青年消费者	追求新颖与时尚、崇尚品牌与名牌、突出个性与自我、注重情感与直觉，购买动机易受外部因素的影响，具有明显的冲动性、缺乏理性，购买欲望强，不太考虑价格因素，更容易接受新产品
少年消费者	好奇心强，喜欢新奇的商品，喜欢与同龄人攀比，消费情绪和行为易受周围环境的影响

在情感营销过程中，我们要针对每个年龄段人的情感需要去考虑相关的营销策略。以保险营销为例，对于青年消费者，他们没有子女或者子女年龄较小，其父母也大都还比较年轻，他们生活压力相对较小，消费观念超前，不注重理财。向他们推销保险要注重保险积累财富的功能，帮助他们分析未来的需求，比如，将来的子女教育、父母赡养、自己的养老、大病和意外等问题，从以上这些方面调动他们的情感需求。对于中年消费者，因为他们大都已进入家庭成长期，上有老下有小，责任很重，压力很大，因此他们大都责任感很强，向他们推销保险就要突出保险的责任功能，强调购买保险是为家庭和子女负责的体现。

可见，年龄和性别是实施情感营销策略重要的参考依据，营销员要把握不同性别、不同年龄消费者基本的情感需求，针对其特殊的情感需求采用有效的营销策略。

客户是消费的主人，引导客户自己作决定

聪明的销售员不是代替客户作出购买的决定，而是引导客户自己作决定。

每个客户都是有自尊的，表现在购买产品的行为中就是希望得到销售员的尊重，不希望销售员对自己的购买行为有过多的干涉和掌控。因此，在最后决定是否购买的关键时刻，销售员要让客户自己作决定，尤其是在客户对产品还缺乏足够了解的时候，因为客户才是产品消费的主人。

很多销售员太渴望买卖成交了，常常会把这种自私的完成业绩的想法不由自主地付诸实践，迫不及待地催促客户说："这个产品这么好，你一定要买啊。""你还犹豫什么啊，这个产品你不买就会后悔的。"如果客户还没有完全了解这个产品，还没有完全信任这个产品，销售员这样的话是很让他反感的。销售员太过急切和直白地要求客户购买的言行，不仅会让客户有被强迫的不快，还会有被欺骗的担忧，担心被迫掏出自己腰包里的钱，担心这些钱换不来等价的产品的价值。

几乎所有的客户永远都会有追求"物美价廉"的商品的期望，期望以更少的投入获得最大价值的产品。在对某个产品有充分的了解和信任之前，客户常常会对是否购买难以下定决心，一方面他需要这样的产品，一方面他又担心这个产品满足不了自己的期望。客户有了这种犹豫不决的言行表现，就是买卖成交的重要信号。但即便有了成交的明显征兆，销售员也尽可能不要主观地代替客户作出购买的决定，尤其是对于自主性非常强的客户。

但这并不是说，我们要放弃马上成交的机会。要知道，聪明的销售员是引导客户作出购买的决定，而不是代替客户作出购买的决定。因为，很多时候，如果我们不趁势继续对客户强调产品的优势、不趁热打铁增强客户对于产品的感情，那么，客户对产品刚刚萌发的良好感觉很可能会在最

后关头因为某个小细节的影响或者客户的一闪念而消失，最终放弃购买的决定。

要引导客户自己作出购买决定，就需要销售员做足成交前的每项工作，在即将成交的最后关头，继续简要强化产品能够给客户带来的利益，可用问句或商量的口气引导客户决定购买，让他自己心甘情愿地作出购买的决定。我们通过下面的营销案例来说明如何做足成交前的工作、如何引导客户自己作出决定。

小王计划要添置一台笔记本电脑，可他还没有最终决定是马上买还是过一段时间再买。这一天，他来到了一家专营家用电器的商场，漫不经心地走过各种品牌的电脑展区，很随意地观看着。

有很大一会儿，并没有销售员主动走过来与小王交谈，直到他在一款电脑前停下来，才有一位女销售员走上前来，微笑着声音柔和地问："先生，您想了解一下这款笔记本吗？"

小王心想，反正只是了解一下，就答应了销售员为自己讲解这款产品。于是，这位销售员在简单介绍了眼前这款电脑的特色之后，很随意、很自然地向小王询问买笔记本电脑是移动商务办公用还是在家工作和娱乐用，对笔记本电脑的性能、外形、价格有什么具体的要求等问题。当她确定小王对产品的具体要求时，就把他带到了另一台电脑面前，然后开始为小王详细地进行讲解。在讲解的过程中，销售员很自然地向小王强调了产品独特的卖点和优势，说出了这款笔记本电脑与众不同的地方，以及它如何满足小王独特的要求，还不时引导小王亲自操作并感受这台电脑的各项功能，展示该产品内置音箱的音质效果以及现场刻录出的光盘的质量等，同时还非常耐心地讲解了售后服务的条款。

看得出这位销售员训练有素、非常专业，整个过程中销售员表现得彬彬有礼、不卑不亢，既没有表现得过于热情，又没有让小王感到一丝的被冷淡和不被尊重；既没有表现出要急于成交的心思，又没有放过任何一个帮助小王加深对产品的感情的机会。小王原本只是随便看看，待时机成熟再买，可经过半个多小时与销售员的交流，他很希望现在就拥有一台笔记本电脑，而销售员最后的几句话让他最终下了掏腰包的决心。

这位销售员的高明表现在她最后的几句话上，在发现小王对自己的讲解频频点头、露出满意的神色且谈到价格问题时，她意识到成交的时机到了。于是，她适时地对小王说："这位先生，根据我的判断，您是一位想到就要做到、果断而有魄力的人，既然这款电脑能够很好地满足您的要求，而且它尊贵的外形也很符合您的身份，那您是不是很想立即行动、即刻就拥有它，让它为您的生活和工作带来更多的便利呢?"

小王对销售员所做的咨询和介绍产品等工作都非常满意，对她的态度和产品本身也很满意，她最后一句含蓄地促使成交的话也没有让他有被强迫、被强加意愿的感觉，而是让他感觉很受用，于是，他最终决定买下那台电脑。

总的来说，引导客户自己作出购买的决定，销售员要从与客户互动的一开始就给予客户良好的服务和印象。从自身的穿着打扮、言谈举止，到对客户的产品讲解、问题解答、展示产品的优势卖点等各个方面都力求给客户留下美好的印象和感觉。更为关键的是，在客户流露出想要购买的表情和言行时，要适时地给客户以点拨和诱导，启发诱导客户心甘情愿地自己作出购买的决定，避免在关键时刻掉链子。

让你的形象为情感营销"加分"

营销员良好的外在形象、服务态度以及高质量的服务，首先会给客户非常愉悦的感受，增加其对产品的印象分。

庞统是三国时期一位颇有才华的谋士，人称"凤雏"，与被称为

"卧龙"的诸葛亮齐名，在赤壁之战中立下了大功。

赤壁之战后，庞统声名远扬，同时，孙、刘两家为巩固成果、再创辉煌，纷纷招兵买马、招纳贤士。这理应是庞统展示自己才华的大好时机，然而，在相当长的一段时间内，这位贤士却始终处于报国无门的尴尬境地，这主要是因为他不成功的"面试"所造成的。

庞统第一次"面试"是在东吴孙权处。周瑜死后，孙权急需一位能接替周瑜的人，鲁肃向孙权推荐了庞统。

庞统接到邀请，穿着很随便地就来见孙权。见到孙权，庞统表现得很高傲，一副"唯我独尊"的架势，这让孙权很反感。当孙权问庞统自己擅长什么技能时，庞统回答说："我什么都会，我的脑袋就是杂货铺，要什么有什么。"孙权又问他："先生的才学与周瑜相比如何?"庞统冷笑，回答说："我所学的东西与周瑜大不相同。"那口气表达的是周瑜与他不是一回事，这明显是不把周瑜放在眼里。而孙权生平最喜爱的人是周瑜，庞统如此轻视周瑜，孙权心里很不痛快，最终没有"录用"庞统。

面试与销售产品有很多相似的地方，面试就是向客户（即招聘者）推销自己这个产品，销售就是让客户来"面试"自己和自己的产品，并最终"录用"（即购买）自己和自己的产品。庞统面试失败的经历对从事营销工作的营销员也是很好的教训。庞统的失败主要是他的形象让自己掉了价，他不懂得修饰自己、不尊重他人、蔑视他人，这自然不被他人所接纳，哪怕他有非常出色的才华。

如果营销员的外表和言行与产品尤其是品牌产品本身不匹配，就像庞统那样形象不佳、言行缺乏礼数，就会让产品掉价，客户就很难在感情上接受该产品，只有营销员的形象和言行与产品相统一，产品才更容易被客户所接受。试想，如果肯德基的员工形象不佳、言语和行为缺乏修养，那么顾客到肯德基店用餐时肯定再也不会有那种舒心惬意的感觉，甚至对其食品在情感上也不再能接受；如果一家品牌服装店的店员着装不整，甚至像小摊贩那样穿着随意且言语粗俗，恐怕其店里的服装要被客户怀疑为是假冒、使他们避之不及了。

营销员是情感营销的一个窗口，他们直接面对客户并与之交流，其形象与服务质量对客户是否在情感上接纳产品起着极为重要的作用。一句问候，一个微笑，一举手一投足都会影响客户对产品的印象和情感接纳度，营销员良好的外在形象、服务态度以及高质量的服务，首先会给客户非常愉悦的感受，增加其对产品的印象分。

所以，为了维护产品在消费者心目中的良好形象，营销员首先要做到自己的形象与产品相统一，让自己的形象为情感营销“加分”。在整个工作过程中，营销员要倾注自己真诚的情感，对待客户用心、细心、耐心、诚心，努力从每一个工作细节入手，比如，要着装干净、整洁，面带微笑，行为举止不卑不亢，说话语调平和而诚恳，与客户平等交流，服务细致入微，等等。

给产品增加附加价值，客户会更满意

产品的附加价值常常比单纯的原始价值能够给客户带来更多愉悦的感官享受和情感满足，让客户更容易接纳产品并乐意消费它。

一般来说，所有产品的价值都可以分为“原始价值”和“附加价值”，“原始价值”主要是满足客户的基本需求，“附加价值”则满足除基本需求之外的各种需求。比如，食品主要是满足人们消除饥饿感的需求，但如果是色香味俱全或独具个性、高档的食品，则其满足的就不仅仅是消除饥饿感的需求，还会让人们获得视觉、嗅觉、自尊等多方面的满足。

产品的附加价值常常比单纯的原始价值能够给客户带来更多愉悦的感官享受和情感满足，让客户更容易接纳产品并乐意消费它，哪怕它的价格会高很多。比如，肚子饿了，如果到一家非常便宜的饭馆去吃饭，则满足的仅仅就是吃饱了肚子；但如果花更多的钱到高档餐厅去吃饭，则高档餐厅的环境、服务、产品质量等这些“附加价值”会让客户获得更多的情感满足，除了吃饱肚子之外，干净整洁的环境、周到的服务、卫生且做法讲究的食品还会让客户感官愉悦、心情愉悦，受到优待也会满足他的自尊。

在物质产品极大丰富的今天，人们在基本需求都得到了基本满足之后，会更加注重产品带给自己的情感满足，会更加注重产品原始功能之外的附加功能，因此会更关注产品的附加价值。当前，每一个产品经营者都挖空心思地要把自己的产品卖给客户，想尽办法用自己独特的产品吸引客户的注意，努力让客户接纳自己的产品、喜欢上自己的产品、忠诚于自己的产品。如何在众多同类产品中突出自己的产品，让客户在对多种同类产品进行比较之后，依然能够对自己的产品留有深刻的印象，并最终选择自己的产品，这是值得每一位产品经营者思考的问题。

要让自己的产品脱颖而出，除了使产品的原始功能更加完善、优质之外，非常重要的一点就是要突出产品的附加价值，用心在“附加价值”上做文章，用产品独特的“附加价值”给客户留下深刻的印象，用产品附加价值的特色和优点来吸引客户、增强客户对产品的满意度。

靠产品附加价值吸引客户的例子有很多。比如，能够发光、发声的儿童鞋，不仅满足孩子穿着的需求，还可通过发光、发声吸引儿童的注意，激发婴幼儿的好奇心和走路的兴趣；有人用各种漂亮的包装纸将苹果一个个包装好，在平安夜前夕出售，价格会比没有这种包装的苹果高很多倍；有人利用光照的作用，在不透明的纸上刻出“心想事成”“吉祥如意”等喜庆的字样，然后将有镂空字的纸包在还在成长中的苹果、西瓜、甜瓜等瓜果上，瓜果上就会长出洗不掉的字，这种瓜果也会给顾客更多的情感满足，等等。这些举措都是吸引客户的有效手段，能够提高客户对于产品的感情分，让客户更愿意消费此种产品。

所以，营销员不妨积极发挥创造性，想办法在产品附加价值上下点工夫，比如采用具有特殊意义的包装，送给客户有意义的赠品，提供充满情意的额外服务，等等，这些都可以使得产品的附加价值更高，从而使客户更喜欢自己的产品、更容易对自己的产品产生感情。

第三章

做好客户情绪管理

——把握住客户情绪就把握住了商机

客户的情绪是影响其购买的重要因素，一般情况下，良好的情绪会促进销售过程的顺利进行以及交易的完成；反之，不良的情绪则可能会使销售过程遭遇阻碍。在整个销售过程中，客户的情绪会随着其内在与外在的各种因素发生变化，营销员若把握住了客户的情绪，就容易把握住商机。因此，做好客户的情绪管理就成了营销员的重要功课。

了解客户的消费情绪状态

要取得营销战的胜利，首先必须要了解消费者的各种消费情绪状态。

消费者的情绪状态会影响消费，更会影响营销员的营销工作，要取得营销战的胜利，首先必须要了解消费者的各种消费情绪状态。

有些客户的情绪是很微妙的甚至是变化无常、让人捉摸不透的，尤其是女客户。下面这个小故事说明了人的情绪的易变性。

一个女人走进了一家邮局，她向邮局工作人员要了一张电报纸，但写完电报后却把它扔到了废纸篓里。女人又要了第二张电报纸，写完后又扔进了废纸篓。随后她又要了第三张，这一次她写好后递给了报务员，并嘱咐对方尽快发出。

女人走后，报务员对这三份电报的内容产生了兴趣。她从废纸篓里捡起那两张电报纸，将三张电报纸并排放在一起，她看到：

第一张上写着：一切都结束了，再也不想见到你；

第二张上写着：别再打电话了，休想再见到我；

第三张上写着：乘最近的一班火车速来，我等你。

在消费过程中，有的客户这种情绪的易变性会极大地影响到其消费和购买行为，比如，前一秒钟他可能对产品已没有异议、非常认同该产品，甚至要掏腰包取钱买下了，可转眼之间就改变了主意，决定不再购买了。

在实际销售过程中，有些营销员会发现，单纯从某些客户表面的情绪中并不能准确判断他是否真的有意要购买产品。比如，有的客户漫不经心地在店里逛，处处流露出对产品的不满意、对产品挑三拣四，但最终却购买了产品；有的客户虽对产品表现出极大的兴趣，甚至对产品大加赞赏，表露出很想拥有该产品的意愿，但最终却没有购买。

作为营销员尤其是营销新手，要充分了解客户的这种情绪易变性，不必让此左右自己的心情，也不必为此而自责自己工作的不到位。随着销售经验和人生经验的增加，就会对客户的消费情绪状态有更好的认识和把握。

在销售过程中，营销员还需了解因为产品质量问题波及范围之广而引起的消费者恐慌情绪。人的情绪是很容易传染的，如果某些消费者因为产品质量等问题而引发某些问题，他们就会产生各种消极情绪，而这些消极情绪很快就会波及周围同类产品的消费者，甚至引起全国范围的消费恐慌，比较典型的是前些年食品消费领域的“苏丹红事件”和“三聚氰胺事件”。

自从“苏丹红1号”被证明是一种致癌物质，并在英国的酱油中被发现后，短时间内，在中国大地上，“谈红色变”的恐慌也迅速蔓延，这源于某些厂家生产的辣椒酱、豆瓣酱、腐乳、萝卜条、面食、咸鸭蛋、肯德基鸡翅等食品都被查出含有苏丹红1号。

当某些食品被公布含有苏丹红1号时，恐慌的种子就种在了某些消费者的心里，很多人甚至凡是红颜色的食品都不敢吃，诸如辣椒、有色饮料、西红柿等，有的已经吃过辣椒酱等食品的消费者则整日担心自己会患上癌症。

这种恐慌情绪也必然影响到了食品的销售。肯德基曾想尽一切办法尽快消除“苏丹红”事件造成的信用危机，但很多肯德基店铺依然门庭冷落，其香辣鸡翅不得不降价销售，但效果仍不好。短短几天的时间，全国的肯德基店铺就损失近3000万元。一家调味品店仅辣椒酱这一项产品，销量就下降了90%。

同样，因一些婴幼儿喝了含有三聚氰胺的奶粉而导致结石，并且多家品牌的奶粉被查出含有三聚氰胺之后，又一股消费恐慌情绪袭击了食品消费行业。一时之间，各大销售婴幼儿奶粉的商店、超市有大批消费者要求退货，很多消费者对国产奶粉失望甚至绝望了，纷纷转向了进口奶粉。

诸如此类的消费者恐慌情绪不仅对同类产品的生产者是严峻的考验，对于同类产品的营销员也是个严峻的考验。毋庸置疑，产品质量、售后服务等方面出现较大的问题，由此带给消费者的消极情绪会让他们本能地抵制消费和购买同类产品，这些产品的营销员的销售也会变得很艰难。

营销员要知道，这种情况下消费者出现消极的情绪是正常的。在销售同类产品的时候不要一味地否定消费者的这种情绪，不要对自己的产品作空头许诺，比如，不要说："哪能所有的同类产品都有问题呢，你真是小题大做、杞人忧天。"不要说："他们的产品有问题，我们的产品绝对没有问题，我向你保证。"正确的做法是首先要安抚消费者的情绪，如果可能，最好能提供证明自己的产品没有问题的证据，比如，我们可以这样说："我知道你对产品出现问题很气愤，对同类产品的质量也很不放心，我能理解你的心情。这是我们的产品质量检测报告，这证明我们的产品是没有问题的。如果你对此仍然不放心，不消费我们的产品也没有关系，我相信时间会证明我们的产品质量。"

虽然，很多时候，消费者多变的或消极的消费情绪状态是我们难以把控的，但了解它对于我们的工作却是有益的，至少我们可以努力做到不让消费者这些情绪影响到自己的工作。

除了以上这些消费者难以捉摸的或不利于消费的消极情绪状态，还有些消费情绪状态也是需要我们了解的，比如，产品降价、优惠销售等会使消费者消费情绪高涨，会使他们一窝蜂地抢购。如果我们正好销售同类产品，要打赢营销战，那就要发挥自己的创造性，用更吸引消费者的卖点或方式来赢得胜利。

明确影响消费情绪的因素

要做好营销工作，就必须要了解各种影响客户消费情绪的因素，以便准确把握客户的消费情绪走向，增加其购买的可能性。

对很多人来说，情绪常常会左右自己的言行，在消费过程中也不例外。

也就是说，情绪会影响客户的消费和购买，所以，在销售过程中，客户的情绪应该成为营销员需要关注的重要因素。

在一家服装店，一位女士挽着丈夫的手走了进来。两人的情绪看上去有着很大的反差，妻子看起来很高兴，而丈夫却面无表情。丈夫大概已经厌烦了这种陪妻子逛商店的事情，因为每次逛商店，妻子总要花费大量的时间试穿各种衣服，而且每次都不会空手而归。妻子每次看到各种样式和颜色的衣服就会两眼放光，并兴高采烈地一件一件地试穿，漂亮衣服对她有着极大的诱惑力。

妻子一进入服装店，就放开挽着丈夫的手臂，直奔某件衣服前，取下来要去试穿。而丈夫则有气无力地坐在了一个凳子上。妻子换上新衣服在镜子前照来照去，并问丈夫好不好看，丈夫不情愿地附和着说好看。妻子接连试穿了几件衣服，并不时地征求丈夫的意见，看样子她一定要买下自己喜欢的几件才甘心。

此时，丈夫已经开始不耐烦了，当妻子又一次征求他的意见时，他索性看都不再看她的衣服，也再不言语了，这让妻子觉得很不快。最后，妻子选好了两件衣服准备买下，招呼丈夫前来刷卡付费，丈夫像是没有听见，这让妻子觉得很没有面子，她一下子火了，“不买了”，她扔给售货员一句话，并撇下丈夫独自气咻咻地走出了服装店。

相信以上这种现象在生活中并不少见。女人在购物的时候尤其感性，一眼喜欢上某件漂亮衣服或化妆品就很容易掏钱买下来，但如果因为某种原因影响了她的情绪，则会影响其购买行为。这就是情绪对消费和购买行为的影响。

在现实中，有很多因素会影响客户的消费情绪。要做好销售工作，就必须要了解各种影响客户消费情绪的因素，以便准确把握客户的消费情绪走向，增加其购买的可能性。那么，影响客户的消费情绪的因素有哪些呢？具体来说，主要有以下一些方面。

1. 产品本身

包括产品的质量、包装、外观、品牌、价格等，如果产品的包装或外观看上去不够美观，质量上有瑕疵，客户就会感觉很不爽，本能地要拒绝该种产品。

2. 购物环境

比如，销售店面的外观、整个卖场的氛围和布局等，如果店面肮脏、商品摆放七零八落，客户就很容易产生反感，甚至连进入店里都不肯，更别说看一看产品并买下了；如果餐馆布置得温馨、优雅舒适，播放着舒缓的音乐，还有让人感觉舒服的灯光等，就会增进客户的食欲，促进消费。

3. 销售员的态度

销售员的服务态度对客户有非常大的影响，这在前面也已提到过，销售员良好的服务态度会促进客户的购买和消费；反之，则会阻碍客户的购买。

4. 客户本身的因素

比如，客户非常想获得某种产品就容易促成消费。再比如，如果客户处在欢乐愉悦的心境下，就容易选择明快热烈的商品色彩；在压抑低落的情绪状态中，则倾向于选择暗淡冷僻的商品色彩。客户真正的消费和购买行为，来源于自己内心对产品的认同和期望，他认同产品就会购买，不认同产品就绝不会购买。另外，客户的年龄、性别、职业、文化程度、经济实力等对其消费情绪也有影响，比如，知识分子在购买时大多比较理性，其情绪不容易受别人尤其是销售员的影响，且知识分子喜欢选择造型高雅、美观大方的产品，低收入人群的消费情绪很容易受到价格变动的影响，等等。

5. 其他因素

客户陪同人情绪和意见的影响，比如，上例中丈夫对妻子的影响；销售过程之外的事件影响，比如，两个客户之间发生了某种矛盾，或者客户与销售员之间因为某种原因发生了争执，等等，都会影响客户的消费情绪。

了解了以上这些影响客户消费情绪的因素，营销员就要学会从能够把握的方面积极努力，比如，购物环境、服务态度、产品等，力求创造有利于客户消费和购买的外部环境，促进客户消费和购买。

了解客户的情绪类型

营销员要了解客户相对稳定的、不同的情绪类型，尽量地“投其所好”，根据其情绪类型灵活运用不同的销售技巧。

因为遗传、性格等因素影响，每个客户的情绪类型是不一样的，比如，我们会发现，有的客户会非常热情、总是情绪高涨，有的客户则看上去蔫蔫的、闷闷的或者情绪很低落。在销售过程中，营销员要了解客户不同的情绪类型，根据其情绪类型灵活运用不同的销售技巧，这样才能使得营销工作更加顺利。

1. 客户的感觉类型

按照感觉特点，人可以分为以下几种类型：视觉型、听觉型、触觉型，不同感觉类型的人其情绪特点也不同。

（1）视觉型。视觉型的人大多比较兴奋，也就是情绪看起来比较高涨。这样的人一般讲话速度很快，声音很大，讨厌别人冗长复杂的谈话；喜欢指手画脚，喜欢通过看、从说话者的表情和肢体语言中获取更多的信息；颜色鲜明、外形美丽的事物、多变化的事物会给他更多良好的感觉。

对于这一类客户，营销员最好要模仿他们的情绪状态，如表现得热情一些，说话简洁、稍微快一些（最好能和顾客保持一致），如果营销员说话声音很小、内容啰唆、说话速度很慢，客户就会很不高兴；要尽可能地给这类客户推荐色彩丰富、外形多变、视觉形象让人感觉良好的产品。

（2）听觉型。听觉型的人喜欢通过滔滔不绝地说话来表达自己的情绪，喜欢听、喜欢说，但可能会给人一种冷漠、不尊重别人的感觉，因为视觉型的人跟别人说话的时候不看对方，他往往只靠听来感知对方。听觉型的人说话会速度慢一些，声音小、柔和。

对待听觉型的客户要加强语言交流，语言交流中尽量不要冷场，注意倾听，如果他说话时不看自己也不必担心，说话声音要尽可能地悦耳、语言丰富，语速最好与对方保持一致。

(3) 触觉型。触觉型的人情绪看上去不那么外露，情绪不容易兴奋，因为这类人大多不善言谈，情绪反应比较慢，说话速度比听觉型的人更慢一些，声音低沉，别人问一句话，他们可能要等半分钟才回答，他们常常长时间地不说话，好看的或好听的东西常常不能打动这类人，他们更注重用内心去领会、去感受，只有参与进去才会有相应的体验，更重视意义与价值，他们有时会给人以主观、固执甚至是倔犟的印象，难以沟通。

对待触觉型的客户不要说得太多、太快，避免太过热情，也不必过分强调产品的外形、色彩等易看到的地方，而尽量强调产品的功能、内在品质、意义等，尽可能地让客户参与产品的有关活动等。

2. 客户的气质类型

如果从人的气质类型来看，人的情绪表现也不相同，采用的营销方法技巧也应有所区别。人的气质类型可以分为胆汁质、多血质、黏液质和抑郁质四种，其情绪表现、应采用的营销方法和技巧如下。

(1) 胆汁质气质类型。胆汁质气质类型人的情绪特征是：外在表现热情，情绪表现丰富、反应强烈，容易急躁、好冲动，刚强但言行、情绪表现可能会比较粗暴。比如，胆汁质的人很容易为一个异议或销售员的不当处理而发火、言辞激烈，甚至会动手打架。

对待胆汁质类型的客户，营销员要在销售过程中、在提供服务时要头脑冷静、充满自信，动作快速准确，语言简洁明了，态度和蔼可亲，对客户要热情，让他感到营销员是急他之所急，想他之所想，是在全心全意地为他服务。

(2) 多血质气质类型。多血质气质的人比较灵活，有朝气，情绪外露、丰富多变，但情绪体验不深，热情、活泼好动，喜欢并能较容易地与人沟通。

对待多血质气质类型的客户，在提供服务时要热情周到，态度不冷淡、不恶劣，尽可能为其提供多种产品和服务信息，为客户当好参谋，取得客户的信任与好感。

(3) 黏液质气质类型。黏液质的人情绪比较稳定、不易转移和变化，消费情绪不容易受外界因素影响，也不易外露，看上去稳重踏实但有些死板，忍耐沉着但有些生气不足，讨厌营销员的过分热情。

对待黏液质气质类型的客户，要求营销员在提供服务时要注意掌握“火候”，避免过分热情，过于热情会影响客户观察、考察产品的情绪，也不要过早、过多地阐述自己的意见，应尽可能让客户自己了解商品。

（4）抑郁质气质类型。抑郁质气质类型的人情绪体验深刻，比较敏感，外界事物很容易影响其情绪，比较容易情绪低落、消极，表现怯懦、迟疑、缄默、孤独。

对待这类客户，在提供服务时要耐心、细致、体贴、周到，态度要温和，及时解答客户的各种疑问。

值得提出的是，人的气质特点千差万别，每个人的气质类型通常也不是单一的，也就是说具有典型的某种气质类型的人很少，大多数人都是混合型的气质类型。营销员还需根据客户的情绪表现特点灵活运用销售技巧。

总之，了解客户相对较稳定的情绪类型，尽可能地“投其所好”，根据客户的情绪类型采用相应的销售技巧，客户就比较容易接受营销员及其提供的服务，销售工作就会更为顺利。

通过表情，读懂客户的内心

优秀的营销员都善于察言观色，能很好地根据客户表情的细微变化来推测客户真实的内心情感，捕捉客户的购买信息，或为客户提供所需要的服务。

人的情绪情感是复杂的，在消费过程中，客户的情绪情感也不是一成不变的。但是，无论客户内在的情绪情感如何变化，很多时候，其表情往往能够透露出其真实的内心，比如面部神态、身体语言、动作等。

在销售过程中，顾客一个眼神的流露也许意味着一次销售的成功，一个微笑也许能促成一个大订单的产生，有经验的营销员常常能够根据客户细微的表情变化，把握其真实的内心，从而顺利把握买卖成交的时机。科学研究发现，在营销员和客户的交流沟通中，55%以上的信息交流是通过非言语线索即主要是客户的面部表情和身体动作等来实现的。如果能够通过客户的表情读懂其内心，我们的营销工作就会更为顺利。

那么，客户什么样的表情会透露出其内心什么样的情绪情感呢？下面简单介绍一下。

1. 眼睛

眼睛是心灵的窗户，客户的目光一般能够比较明显地表现其情绪、态度和感情的变化。比如，客户目光漠然，说明他对营销员或他推荐的产品不感兴趣；如果他眼睛发亮，眼睛睁得比较大，或者营销员在解说时，客户始终目不转睛地看着对方说，与对方目光接触较频繁，这表明客户对营销员的介绍很有兴趣，愿意更多地了解产品和服务，并有可能购买，此时不妨抓住时机做好产品推销；如果客户焦虑不安、心不在焉地用眼睛左顾右盼，这就表示交易将要失败，客户想要营销员尽快结束谈话；如果在与客户谈话时，他不敢用眼睛正视营销员，甚至故意躲避营销员的目光，那就表示他说的话"言不由衷"或者另有打算。

2. 面部表情

面部表情是另一个重要的可以表现客户情绪的途径。一般情况下，客户面带微笑，表示对营销员和产品是喜欢的、欢迎的；客户皱眉，表示他不同意营销员的介绍或观点，或者不接受营销员介绍的产品；客户面无表情，这是一种强有力的拒绝信号，表明营销员的说服和产品没有引起顾客的兴趣。

3. 握手

不同的握手方式可以给人以完全不同的感受，与客户握手时他手的力度等细节可以透露其内心的某些情绪。比如，如果感觉客户握手时松软无力，说明他比较冷淡；若感觉握得太紧，甚至弄痛了你的手，则说明他比较虚伪；如果感觉松紧适度，就表明对方稳重而又热情；如果客户的手心里满是汗水，则说明他可能正处于不安或紧张状态之中。

4. 身体姿势和动作

客户的身体姿势和动作常常会透露出更多信息，我们可以从客户的姿势和动作中看出他的态度和内心情感。比如，客户双手插入口袋中，表示他可能正处于紧张或焦虑状态之中；不停地玩弄手上的小东西，如圆珠笔、打火机或人的名片等，说明他内心紧张不安或对你的话不感兴趣；交叉双臂或双腿，表示他不赞同或拒绝营销员的意见，或是进行自我防卫；用手摸后脑勺，表示思考或紧张；用手搔头或搔抓脖子，表示他困惑、心存疑虑或拿不定主意；讲话时低头揉眼，说明他在撒谎或至少他的话不够真实；不时看表，或突然将身体转向门口方向，说明他不想继续谈下去，希望尽快结束谈话；对营销员的解说不时地点头，手脚微开，全身松弛，表示他赞同营销员所说的，对产品比较满意，容易接纳对方的建议。

优秀的营销员都善于察言观色，他们能很好地根据客户表情的微小变化来推测他真实的内心情感，捕捉客户的购买信息，或为客户提供需要的服务。

> 某餐厅来了一位客人，点好菜后独自一人开始用餐。
>
> “服务员，有开水吗?”这位先生看着服务员问道。
>
> “有，请稍等，马上给您送过来。”服务员立刻给客人端来了一杯开水，这时客人的手机响了，他接完电话后，立刻加快了吃饭的速度，显然他需要赶时间。
>
> 服务员看到后就想，开水刚端过去，还很烫，不能马上喝。于是，趁客人还没来得及喝水，服务员赶紧给客人拿来一些冰块，微笑着对客人说：“先生，这里有冰快，如果您觉得水有些烫，可以加上一些。”客人感激地看了服务员一眼，说：“谢谢。”
>
> 客人一会儿就吃完了饭，他往杯子里加了冰块，试了一口，然后一饮而尽。随后，他又冲着服务员笑了笑，结了账就离开了。

这位服务员的心思是细腻的，他通过顾客的表情、动作了解了他的内心需求，并通过行动满足了顾客的需求。对于服务员的举动，相信顾客是心怀感激的。

可见，及时发现客户的每一种表情和动作，把握其表情和动作所暗含的意义、所代表的内心情感，并及时提供给他所需要的服务，或者调整销售策略，这往往能够让客户心情愉悦甚至感动，从而促进营销工作的进行。

产品介绍要能诱发客户的情感需求

在向客户介绍产品的时候，绝不要只是介绍产品的基本功能，更重要的是要诱发客户的情感需求。

准确地向客户介绍产品是营销员的一项基本功，如果产品介绍真正能够打动客户，就容易使交易成功。有的营销员在介绍产品时只是一味地强调产品本身的各项优势功能，但没能很好地诱发客户的情感需求，这样，即使营销员把产品吹得天花乱坠，客户也可能不为所动。

要能够在产品介绍中诱发客户的情感需求，就需不仅仅站在产品的角度介绍它，更重要的是要更多地站在客户的立场上，介绍拥有该产品能获得哪些利益与收获，能够获得怎样的情感满足，诱导客户去想象购买产品后的种种好处和不买的种种遗憾，以达到诱发客户购买欲望的目的。因为，只有当客户意识到拥有该产品能获得众多利益和情感满足时，才会有强烈的购买欲望。

原一平是日本寿险业的“推销之神”，他连续 15 年保持了全国推销业绩第一名。无论什么样的客户，似乎都能轻而易举地接受原一平的产品，无论是多么不讲情理、固执的客户。这其中一个非常重要的原因，就是原一平很善于在介绍产品时诱发客户的情感需求。下面这个例子便是原一平的经验之谈。

有一天，原一平去拜访一位退役的陆军上校，因为是军人出身，这位上校性情顽固，语气生硬，不能轻易被说服。原一平知道对待这种性格的客户，不能优柔寡断或说话含混不清，因此，他采取了单刀直入的方法，一上来就向对方说明投保的必要。

“保险这种东西是年轻人需要的，像我这种上了年纪又没有孩子的人，根本没有必要投保。”老上校毫不留情地杀了原一平一个回马枪。

“您的观念不对，就是因为您没有小孩，所以我才专程来拜访您，向您推荐保险的。”原一平很真诚地说。

老上校不明白原一平为什么这么说，就问他：“你这话是什么意思呢?”

原一平停顿了一会儿，对老上校说：“本来就应该这样子的嘛。”老上校更加疑惑，眼睛看着他，好像是在说：我倒要想知道为什么是这样子的。这表示老上校对原一平已经产生了兴趣。

“你总得说出个道理，否则我怎么会轻易相信你呢?”老上校于是问道。

原一平调整了一下坐姿，然后用较慢的语速，把自己的声调降低，向他耐心地进行说明：“没有小孩的人经常会说，没有小孩往往是为人妻者人生中最大的寂寞……单单责怪妻子不能生育，这是不公平的，既然是夫妻，理应由两个人一起负责，所以，当丈夫的，要好好安慰妻子的寂寞才对……如果有小孩，万一丈夫哪天有了不测，妻子还有小孩可以照顾，等到小孩长大成人，还有机会期待孩子报答、抚慰、赡养自己。如果是一个没有孩子的女人，一旦丈夫去世，想想看，她的未来该怎么办?留给她的恐怕只有不安与忧愁吧。您说没有小孩就没有投保的必要，可是要是您万一有什么意外，夫人该怎么办……您赞成年轻人投保，可是年轻人的另一半年纪也还年轻，可以随时改嫁，而您呢?您并没有这个条件呀!”

说到这里，原一平把语气一转，以温和的态度继续说：“您若真的爱您的夫人，就需要考虑到她的晚年生活，至少您得给她留下最起码的生活费、留下一所房子，让她能够安度晚年，以您的身份总不能让她晚年生活得很凄凉吧?这就是我建议您投保的原因。”

原一平满怀热诚地把这些话说完，他看到老上校默不做声，原一平静静地等待着。隔了一会儿，老上校点头说：“你讲得有道理，好!我投保。”

原一平没有泛泛地介绍说投保的好处，而是结合老上校的家庭实际，利用他对妻子的爱，使投保渗透了情感因素，这样保险产品就很容易让对方接受了。

客户对产品的满意度绝不仅仅是来自于产品的功能，而往往是来自其对产品功能以外内容的感觉。可能有的客户觉得这个产品在功能上很好，但他或许会认为自己不需要这个产品，这很多时候是因为，客户自己并不能意识到产品功能以外的东西能够带给他何种情感满足。比如，我们都知道汽车的基本功能就是代步，但如果营销员不向客户介绍，客户就不知道哪种类型的汽车会让自己得到什么样的感受。

所以说，在向客户介绍产品的时候，绝不要仅仅只是介绍产品的基本功能，更重要的是要诱发客户的情感需求，让产品附加的情感成分能够满足客户的这种情感需求。比如，我们销售保健品，食用保健品可以补充营养、让人更健康，这就是它的基本功能，但我们推销保健品时不要仅仅提到它能够让人更健康，在介绍产品时可以这样说："买这种保健品送给父母，是表达我们的孝心；送给朋友，是表达我们对朋友真诚的友情。"相信这样比单纯介绍产品的基本功能更能打动客户。

还有一个值得关注的问题是：介绍产品时能否提及产品的缺点？因为没有一种产品是十全十美的，任何产品都不能满足客户所有的需求。有的营销员在介绍产品的时候常常会极力掩盖产品的缺点，夸大产品的优点，断言产品"没有任何问题"，其实这种做法反而是不明智的。客户绝不会盲目相信营销员对产品的介绍，他们大都会用自己的头脑去分析。营销员不如本着对客户负责的态度，主动将产品的缺点如实客观地告知客户（当然这种缺点最好是无关紧要的小缺点），这反而会让客户觉得营销员、产品是可靠的，因此会更愿意购买产品。这种做法其实是诱发了客户对于安全感、被尊重的情感需求。

总而言之，产品本身常常是没有生命、没有情感的，只有营销员在介绍产品时附之以情感，并以此激发客户的情感需求，客户才会更愿意接受该产品。

给客户留面子

营销员一定要注意给客户留面子，不要贸然地揭对方的短，尤其是不要当众揭对方的短。

中国人爱面子，这是一个人们公认的事实。爱面子也突出地表现在人们的消费行为中，喜欢攀比就是典型的表现，很多人“宁可损失了金钱，也不愿意损失了面子”。这种爱面子的表现对于营销员的销售工作也必然会产生某种程度的影响。

多年以前，那个“大宝天天见”的广告天天在电视上播，这让广大消费者尤其是“平民消费者”记住了“价格便宜，量又足，咱老百姓用得起”的大宝品牌。然而如今，大宝却越来越受冷落。

有两个要好的朋友有这样一段对话，她们上学的时候都始终用价格便宜的“大宝”化妆品。毕业参加工作后的一天，两人相见，一个朋友问：“你还用大宝吗？”

“都什么年代了还用大宝，早换了。”另一个朋友说。

“是啊，用那个太没面子了。我也早不用了，我现在改用更好的牌子——玉兰油了。”

的确，出身寒门的爱美的姑娘，也许涂脂抹粉的时候，还在算计怎样才能省几个钱，可是当她们的生活富裕了，当灰姑娘嫁给了白马王子，她们就绝不会再钟情于“价格便宜”的化妆品。

无独有偶，上海的蜂花洗发水其广告画面用的是一枚弹起的硬币，它告诉消费者，用蜂花洗发水洗一次头发只用一分钱。可后来消费者还是逐渐冷落了蜂花。

20世纪80年代，在上海的大学校园里，学生宿舍与公共浴室相隔很远，女大学生们要端着放洗发水、沐浴露的脸盆，穿过生活区才能到浴室。那些用蜂花洗发水的女生都用毛巾把脸盆里的东西遮起来，而用海飞丝、飘柔的女生则把瓶子露出来，一个个趾高气扬。那些在大学里家境贫寒省吃俭用的女生，毕业后挣了第一个月的工资，就迫不及待地去买来海飞丝，却置用了多年的蜂花于不顾。

事实上，大宝和玉兰油并没有本质的区别，海飞丝与蜂花也没有太大的差别，可它们却给人以高低贵贱之分，让使用大宝和蜂花的女孩子们遮遮掩掩，即使很实惠她们也不屑于用。这种尴尬的结果，其实是由于产品宣传强调低价而丢了消费者的面子，伤害了消费者的情感，这是阻碍消费者继续消费的“罪魁祸首”。

即使卖低价的产品也不一定非用低档的广告，不一定非得满大街吆喝，这是在保护某些爱慕虚荣的消费者的面子。所以，在销售过程中，有时候针对某些客户，不必过于强调低价格，尤其是销售日用消费品时，这其实就是给客户留一点面子。

当然，给客户留面子，不仅仅指在价格这一方面，还要在许多方面学会给客户留“面子”，维护客户的尊严，这样，客户才会给营销员面子。

有一名业务员去拜访一位很熟的客户时，却被客户赶了出来，失去了那个对他来说非常重要的大订单。

原来，这个客户是一家小公司的老板，业务员去拜访他的时候，他正在给员工开会，在居高临下地训导员工，整个会场鸦雀无声，员工们都低着头。业务员一直等到散会，才在会议室和老板见到面，当时还有未曾散去的几个员工。出于善意，业务员一见面就提醒老板开会时要给别人机会，不能搞“一言堂”。业务员这样一说，那几个员工很感激地看着他，可是老板却不高兴了，但又不便发作。等员工都离去之后，老板就很客气地将业务员“请”出了公司，他们的业务就这样中断了。

这位业务员失败的主要原因就是他没有照顾到客户的面子。当众指出别人的缺点，这很容易让人丢面子，尤其是对于一个小企业的老板，在下属面前被揭短更是让他没面子的事情。

因此，在销售工作中，营销员一定要注意给客户留面子，不要贸然地揭对方的短，尤其是不要当众揭对方的短，即使真要指出对方的缺点不足，也最好是在私下里委婉地提出。要学会“奉承”客户，放大他的优点，这不是虚伪或拍马屁，而是保护客户情感的一种交际策略，这会有助于销售工作的顺利开展。

用你的热情感染客户

营销员热情的态度常常会比产品本身具有更强的磁力，更容易吸引客户、让客户感动，并激发客户作出购买的决定。

我们知道，情绪是可以传染的，在销售工作中，营销员的热情也很容易感染客户，使客户产生对于营销员、对于产品的热情，更倾向于作出购买的决定。

新疆某购物中心店长金花就始终用她的热情感染着客户，从而与广大客户建立起了非常融洽的关系，自己的业绩也节节攀升。

金花性格开朗，与员工之间的关系很融洽，对待客户更是热情。她熟知老客户的身高、体形、喜好，并能及时帮助老客户得到他们所需要的商品和帮助，她对待每一个新客户也始终热情如一。她不仅为客户提供必要的服务，还帮助客户作出最佳的选择。为此，不管是老客户还是新客户，都非常喜欢金花为他们服务，这让她颇得人缘，业绩也很突出。对此，金花讲出了她的经验：“没有热情就没有销售。”

客户都是有感情的人，销售过程就是信息和情绪的传递，营销员的热情所散发出来的活力与自信，会引起客户的共鸣，拉近营销员与客户的情感距离，使陌生人变成朋友。营销员的热情还会促使客户对产品表现出热情，从而对产品产生感情，并采取购买行为。如果营销员对自己的产品和公司没有足够的热忱，客户就容易对营销员的产品产生怀疑、没有信心，自然也就难以购买。

所以，真正优秀的营销员总是对自己的营销工作、对产品表现出极大的热情，并用这种热情将自己对产品的信心传递给客户，从而使客户对自己的产品充满信心和热情，这样，销售也就水到渠成了。

被称为“销售女神”的陈安之国际训练机构首席讲师徐鹤宁就是一个充满热情的人。无论在什么情况下，只要是面对客户，徐鹤宁就总会热情地为客户进行演讲、进行成功学课程产品的介绍。而很多客户都是因为被她的热情所感染，才不惜花费高价购买了她的成功学课程。

有一天，徐鹤宁发高烧到39度，能不能站在讲台上都是个问题。但是当天她已经提前安排了一个约100人的演讲会，最终她还是去了演讲会现场。因为下大雨，演讲会最后只来了9个人。

陈安之老师打电话给徐鹤宁说：“鹤宁，这一场你就不要讲了，反正人也很少，你也生着病，先去打了针再说。”徐鹤宁不知道自己能坚持多久，但她还是坚持要去讲。她认为，只要自己站在台上，那几个学员就已经学到东西了。即使很难受，她这次讲得也充满热情。她平时的演讲都是一个半小时、两个小时甚至三个小时，但是这一场，她打着点滴只讲了20分钟。因为到最后，那几个学员都被徐鹤宁的热情感染了，被她的敬业精神感动了，他们都站起来说：“徐老师你不要讲了，我们所有人都报名。”

结果，那9个人报了11个，因为其中有一个是老学员，他给他的老婆和儿子也报了名，他对徐鹤宁说：“鹤宁，你太让我们感动了，你能上来讲我们已经学到了很多。”

还有一次，有个公司要请徐鹤宁去给他们讲课，最初说好是50个人听课，可结果到现场的却只有5个人。徐鹤宁当时有一种被欺骗和被伤害的感觉，真想立即转身就走，可是她突然想：有这5个人是缘分，万一这5个人中有一个像我这样想要成功可是没有方法的人，如果我帮到他了，万一他又能帮到很多人怎么办？因此徐鹤宁决定即使只有一个人也要认真地去讲。于是，她把这5个人当成是50人、500人，全力以赴地、充满热情地去讲，最后她浑身都湿透了。这一次演讲是在徐鹤宁刚开始工作不久，她既不会演讲，也没有什么销售技巧，但她讲完后，5个人中有3个马上就报了陈安之老师3500元的成功学课程。当被问到为什么要报名时，那几个人都说："我们今天学到的最重要的一点，就是你很热情、很敬业。如果我们都像你这样敬业、这样对工作怀有极大的热忱，像你这样对哪怕是微不足道的工作都全力以赴，那我们早就成功了，所以我们是在买你的态度。"

可见，营销员热情的态度往往比产品本身具有更强的磁力，更容易吸引客户、让客户感动，并激发客户作出购买的决定。所以，在销售过程中，在与客户交流的过程中，营销员一定要充满热情，让热情逐渐成为自己的习惯，用自己的热情去感染客户。

别让你的情绪破坏客户的情绪

营销员要努力做到喜怒不形于色，善于克制自己，既不要让自己的坏情绪破坏客户的情绪，也不要让自己销售成功时的狂喜影响客户。

营销员也是有感情的人，会遭遇生活中的种种不如意，自然也会产生这样那样的坏情绪。如果营销员因某种原因导致自己心情不好甚至情绪失控，并将这些坏情绪带到工作中，就很容易疏远客户，导致交易失败，进而影响销售业绩。

王滨是一家房地产公司的销售业务员，最近，他和女友经常闹矛盾，最后女友向他提出了分手，这让他心里很窝火，不仅茶饭不思，连工作也没了心情。

这一天，来了一对打算买房的小夫妻，王滨接待了他们。他给这对夫妻推荐了几套户型，并简单做了介绍，但在介绍的过程中他显得没精打采、面无表情。小夫妻对王滨的态度很不满，而且对他介绍的几套户型都不满意，不是觉得房子朝向不好，就是面积太小，不是楼层太高，就是房间布局不理想。

王滨不耐烦了，不由自主地说道："你们怎么这么挑剔啊，有套房子住就不错了。"

夫妻俩听了王滨的话很生气，"你这是什么态度啊？我们想买套自己喜欢的房子这有错吗？"

"我就这态度，怎么了？你们爱买不买。"见客户数落自己，王滨也火了，冲着他们嚷起来。

"我们要换业务员，我们不需要你的服务。"丈夫生气地说。

"不需要我服务拉倒，我还懒得理你们呢。"王滨合上房屋资料夹，一副无辜的样子。

"这是什么破公司，什么素质的员工啊。走，我们换个地方。"妻子拉着丈夫的手走出了王滨的公司，而另外几个正要咨询的客户见到王滨恶劣的服务态度，也都纷纷走出了公司。

很显然，王滨恶劣的服务态度赶跑了客户，而他的坏情绪则是造成恶劣的服务态度的重要原因。

所以，营销员一定不要把自己的坏情绪带到工作中，不要让自己的坏情绪破坏客户的情绪。否则，不仅会损失当前的交易，还有可能会造成以后销售工作的恶性循环，上面事例中王滨的失败就是一个教训。

不让自己的情绪破坏客户的情绪，这需要营销员不仅在工作中善于控制自己的坏情绪，不让这种情绪轻易在客户面前流露出来，还要学会通过有益的方式释放生活中的不如意带给自己的坏情绪，比如，在工作之外要加强运动、经常与朋友谈心交流、旅游等。

有时候，在销售工作中，营销员的坏情绪是由客户引起的。比如，当营销员花了很大力气、费了一番口舌之后，没有说服客户，客户拒绝购买，一些营销员就会产生很大的情绪波动，并明显地通过表情、言行表现出来，如有的人脸马上阴下来，有的说话言辞变得粗鲁，有的拒绝再为客户服务，有的态度突然来了个 180 度大转弯。这种做法对于营销员来说，是非常不应该的。这会降低营销员在客户心中的形象，让客户心情很不愉快，削弱客户与营销员、与产品的兴趣和情感，最终让客户选择逃避这种不愉快的关系，交易也就根本不可能了。

当交易眼看就要失败的时候，营销员绝不要将自己内心失落的情绪表现出来，更不要将对客户的服务打一丁点儿折扣，而是要一如既往地给予客户优质的服务，给客户留下一个好印象，要换一个角度，站在客户的立场上考虑一下，他究竟需要什么。要知道，客户之所以不接受营销员推销的产品，只是说明他在这一时刻不需要这个产品，或者对营销员和他的产品有顾虑。

还有一点需要指出的是，不仅营销员的坏情绪会破坏客户的情绪，某些过度夸张的好情绪也会影响客户的情绪。比如，在交易即将成功的时候，有的营销员会特别兴奋，而且不善于掩饰极度的兴奋，在客户还没有离去的时候就在表情、语言、动作上表现出来，如冲着同事打一个响指，高兴地跳起来或大声喊叫等。营销员的这种表现是非常不恰当的，虽然眼看自己的一番努力即将换来成功的果实，每个人都会感到兴奋，这是人之常情。但营销员的这种表现会让客户感到很不舒服，甚至使他产生顾虑，他会怀疑：将产品脱手营销员这么兴奋，是不是有什么问题啊？这其中会不会有诈？从而他可能会对销售员和产品失去信任，开始犹豫甚至反悔，使得交易失败。

可见，作为营销员，即使自己的付出已经赢得了巨大的成功，也必须学会理智，克制自己的喜悦情绪，不在客户面前喜形于色。这样，才会给客户稳重、踏实而可靠的感觉，也让客户对产品产生更强烈的信任感。

总之，营销员要努力做到喜怒不形于色，善于克制自己，既不要让自己的坏情绪破坏客户的情绪，也不要让自己销售成功时的狂喜影响客户，而要用稳重踏实的心态增强客户对自己和产品的信任感。

对待购物狂，更要付出热情

无论是从利于自己的销售工作的角度来说，还是从帮助客户缓解情绪困扰的角度来说，对待购物狂，营销员更应付出热情。

购物狂是指频繁地逛商场、购买各种生活所需的物品，比如，食物、衣物、小装饰品、化妆品等，他们常常把大量的时间、精力、钱财花在购物上。这种现象较常出现于女性，但也有少数男性。有时候，某些购物狂会把营销员折腾得筋疲力尽、非常厌烦。

小刘是一家个体服装店的老板，有一个星期天，从一上班开始她和丈夫就一刻不停地忙碌，而有个女孩几乎一上午的时间都在这里不停地试衣服、看衣服，花费了小刘大量的时间精力，把她折腾得够呛。原来这个女孩是购物狂，一直不厌其烦地试衣服、选衣服、讨价还价。

早上，小刘开始营业不久，一个穿着时尚的女孩就来到她这里。小刘这家面积不算小的店里全都是各种品牌的女装，上衣、套装、裙装、裤子应有尽有，女孩走进她的店里就被吸引了。女孩开始选了一件上衣试穿，然后在镜子面前转来转去、反复欣赏了很久，接着她又换了另一件试穿，又反反复复地看了很久，还不时地和小刘讨论着试穿的衣服。接下来的时间里，女孩又接连试穿了几件上衣，这时店里已经有了越来越多的顾客，让小刘和丈夫有些应接不暇。

女孩几乎将所有的上衣都试了个遍，而小刘的工作除了给她从高架上取下衣服，就是把她试穿过的衣服折叠好放起来或者撑好挂起来，丈夫则主要忙着招呼其他顾客，夫妻俩甚至要忙不过来了，以致柜台上堆了一大堆女孩试穿过的衣服。

经过一番试穿和讨价还价，女孩选中了其中一件上衣，接着她又开始一件又一件地试穿裙子、裤子、套装。这对小刘又是一番折腾，她不停地取衣服、叠衣服、挂衣服，还要招呼其他顾客，她已懒得和女孩说话，任凭她自己折腾。

最终，女孩又选了裙子、裤子各一件买下来，女孩付钱走后，小刘总算可以松口气了。

很多营销员会与小刘有同样的体验，对一些购物狂难以应付却又不想放弃生意，因为很多时候，一些购物狂并非看好了一样东西马上就买下来，而常常会花上很长时间左思右想、千挑万选，不停地挑剔商品的毛病，犹犹豫豫好久才会选好想要的商品，这有时会让营销员忍无可忍、失去耐心。有时候，购物狂可能在买过某种商品之后会后悔，就又折回店来要求换货或者退货。

事实上，很多购物狂都有情绪障碍，购物的过程可以让他们的情绪得以释放。他们或者对商品有一种病态的占有欲，希望拥有琳琅满目的商品，哪怕是对自己来说毫无用处或者重复购买的商品；或者通过不断地观看商品、与营销员交谈、大把地花钱来将平日生活中积累的不良情绪宣泄出来。他们常常三天两头逛超市、逛商场，甚至一天不买几样东西，就觉得情绪烦躁、内心空虚、心里堵得慌。

很多购物狂之所以会疯狂购物，是因为在购物过程中能获得一种情感满足。而购物狂的出现大多是因为这些人缺乏自尊自信、内心空虚、生活单调、精神孤独、身心受损、情感脆弱等，这必然会使某些购物狂的情绪受到不同程度的伤害或缺失，所以他们就通过购物来弥补和修复情感缺失与伤害。还有些购物狂因为买了很多自己喜欢的东西而能体会到幸福感，这也是通过购物来满足情感需求的表现，对情绪调整起到积极的作用。

所以，无论是从利于自己的销售工作的角度来说，还是从帮助客户缓解情绪困扰的角度来说，对待购物狂，营销员更应付出热情，这既能促进自己的销售工作，又能满足客户的情感需求、给客户留下好印象，既帮了自己也帮了客户。

如何对待情绪差的客户

客户情绪差的时候，营销员要设法帮助客户化解不良情绪，用真诚的服务去感动他，同时不被其消极情绪所左右。

做营销工作是非常辛苦的，不管是业绩最好的，还是业绩一般的，或者是业绩最差的，都会非常“累心”。因为营销员差不多要和三教九流不同的人打交道，要面对各种情绪状态和心理状态的客户。在工作中，营销员也必然会遇到一些情绪很差的客户，有时客户的情绪会给营销员的工作带来很大的困扰。

某年8月份的一天下午，炙热的太阳像要把地面烤熟一样，酷热难耐。由于受到金融危机的影响，某房地产公司售房部极其冷落，业务员们都焦躁不安地坐在前台，心不在焉地在网上观看着楼盘信息。

这时，电话铃响了，一位女业务员拿起话筒，很礼貌地向对方报出了公司名称。她听到电话听筒里传来一声吼叫：“你们的楼盘到底在哪里？我找了半天也没有找到！”打电话的人听起来很不耐烦，说话声音很大，以致女业务员旁边的几位同事都能清楚地听到。女业务员在电话里耐心地给对方解释如何到达自己的楼盘，但客户还是没找到。于是，客户接连又打了几个电话询问，但几次下来，仍没有找到。

本着全心全意为客户服务的态度，女业务员决定去接他。当她步行走到附近一座建筑物前时，终于见到了那个情绪很坏的客户。客户见到她就不停地抱怨这、抱怨那，一副“怨男”的姿态，原来他在公交车上与售票员刚刚吵了一架。女业务员被他的抱怨扰得心烦，但还是耐住性子安慰了他一番，然后一边带着他往售房部走，一边给他介绍周边的配套设施。女业务员看得出来，客户当时已很排斥他们的楼盘了，因为他几次提到不想去看房了，还忍不住冲着她发了一通脾气。

快要走到售房部时，这位客户突然改变了主意，他焦躁地对女业务员说："我不买房了。"然后转身离去，这让她觉得莫名其妙，无奈地站在那里不知所措。连日来的疲劳，加上天气的燥热以及客户的情绪影响，这位女业务员几乎一整天都情绪低落。

相信每个营销员都会遇到这样一些情绪很坏的客户，客户的坏情绪甚至会让营销员的心情也变得非常糟糕，影响他下一步的工作和与客户的关系，以致影响他的销售业绩。

那么，营销员该如何对待情绪差的客户，避免客户的坏情绪传染给自己，并防止其坏情绪影响自己的工作呢？下面是一些建议供借鉴。

1. 甘当客户坏情绪的垃圾桶

客户因各种原因产生坏情绪很正常，某些客户有了坏情绪就会通过发脾气、唠叨等方式来发泄自己的怨气。作为营销员，此时绝不要与客户顶撞，不可因客户的情绪而使自己也情绪失控，而是要努力保持镇定，甘当客户坏情绪的垃圾桶，让他把怨气倾倒出来，等到客户情绪稳定下来，再好好与他沟通。

在一家大超市的存包处，有一位中年客户与工作人员发生了争执。原来，不知什么原因，这位客户存放在此的一件物品被损坏了。这位高大健壮的客户对工作人员不依不饶，冲着对方大喊大叫，他执著地认为是工作人员有意破坏。

两人的争吵引来了值班经理，他是一位年轻的男士，和这位顾客相比，他又瘦又矮。值班经理耐心地听取了两人的意见，他们当然是公说公有理，婆说婆有理。顾客的情绪更加激动，又当着值班经理的面大声咆哮起来，不时挥动着拳头。一会儿，客户拿起刚喝了一口的饮料瓶用力地摔在了地上，瓶口开了，里面的饮料溅了值班经理一身一脸，围观的人都纷纷往后退去，而经理却站在原地不动，不动声色地抹了一把脸上的饮料，任凭顾客发泄，当那位工作人员想辩解时，值班经理制止了她。

过了一会儿，客户发泄完了，值班经理才终于开口说话，"我知道你的物品损坏了你心里很不痛快。你看这样行不行，既然不知道是什么原因导致你的物品损坏，你、我、她我们三个人各承担1/3的责任好不好?"这时围观的观众已开始对这位客户议论纷纷了，他知道自己可能有点过分了，于是顺台阶而下："算我今天倒霉，就按你说的办吧……"

面对情绪激动的客户，这位值班经理并没有与其对立，而是始终保持冷静、镇定，这给了客户的坏情绪一个出口，等客户情绪稍微平缓之后，问题也就很容易解决了。当客户暂时情绪失控时，如果营销员能甘当客户坏情绪的垃圾桶，适当地让客户发泄一下情绪，就会因为大度为怀的服务态度而赢得更多回头客。

2. 学会自我调节

缺乏经验的营销员常常会被客户的消极情绪所左右，从而影响自己的工作效率和效果。遇到客户出现消极情绪时，营销员要学会自我调节，换一个角度看问题，多看事情的积极面。比如，当顾客情绪不佳甚至大吵大闹时，若是营销员的工作失误所导致的，那么就应该在心里感谢客户，因为客户让你发现了自己的问题，及时让你弥补了损失；如果不是自己的原因所导致的，可以这样想："客户今天可能与家人发生了矛盾才情绪不好"或"客户今天可能乘车时遇到了麻烦所以才情绪不好，或者他就是这种性格的人，与我无关"等。这样的话，就不会使自己的情绪受到传染，保证了自己的心态稳定，也能以良好的态度对待顾客。

3. 用真情感动客户

无论客户有怎样的坏情绪，营销员都要尽可能地以真诚的态度给予他良好的服务，多站在客户的角度替他考虑问题，努力用热忱和真情感动客户。要相信，持续的、优质的服务一定会化解客户心里的疙瘩，从而建立起长久、稳定的客户关系，使客户成为自己的产品忠诚的消费者。

总之，当客户情绪差的时候，营销员要学会控制自己，表现出自己的涵养，不要不耐烦地顶撞或指责客户，同时也不要让客户的情绪左右自己的情绪，而要努力帮助客户化解不良情绪，并用真诚的服务去感动他。

第四章

别把冰卖给爱斯基摩人

——没有投入真感情就没有好业绩

能够把冰卖给爱斯基摩人的营销员一定是个“营销天才”，但是，把冰卖给爱斯基摩人却是一种不道德的做法，因为卖出的是客户不需要的东西。真正有效的营销首先就要考虑到客户的需求，把客户真正需要的东西卖给他。因此，营销员绝不要满足于用花言巧语把冰卖给爱斯基摩人，而是要投入真感情，考虑到客户的需求，只有这样，才会有好的业绩。

别让客户在购买后有受骗的感觉

不要夸大产品的价值、不要只顾眼前利益而舍弃长远利益，不要让客户在购买或使用产品之后有被骗的感觉。

客户在购买一件产品时，对产品往往只会有表浅的认识，对其功能等各方面都还缺乏深刻的体验。要真正让客户从内心里接受产品，营销员就要实事求是地告诉客户产品能够满足他哪些需求，绝不要让客户在购买以及使用产品之后有受骗的感觉。否则，损失的就不仅仅是这一个客户，而是长久的信誉以及更多的客户。

半年以前，李小姐在一家超市门口遇到了一位年轻男士在推销美容产品。这位男士叫住了李小姐，告诉她他们美容中心可以帮助去除脸上的黑头。一段时间以来，爱美的李小姐正为脸上无法去除的黑头而烦恼呢，于是停下来认真地听男士讲解。见男士手中拿着的化妆品包装还不错，他讲解得也很专业，且听说可以免费做面部护理，李小姐动心了：不妨先试试。

于是，李小姐跟从男士来到了美容中心，一位漂亮的女美容师接待了她。美容师一边为李小姐做面部护理，一边热情地和她聊起了天。李小姐做完面部护理之后，美容师告诉她说办一张季卡可以每周来做一次去除黑头的处理，能够很快地去除黑头。因为觉得美容师很热情，且做完面部护理后感觉很舒服，李小姐就听从了美容师的话，又办了一张价值500元的季卡。

在季卡快要用完的时候，李小姐的黑头还没有好，美容师说她的黑头比较严重，要求她继续做。李小姐治好黑头心切，就又一次相信了美容师的话，办了一张季卡，并陆续在她的劝说下买了很多相关的产品。

可是，半年下来，李小姐的黑头有增无减，脸上本来没有斑，可此时却有了很多斑。李小姐去找美容中心理论，但他们却说这和李小姐年龄大有关，拒绝承认是自己的过错。这让李小姐很窝火，她有一种严重被欺骗的感觉，可是又没有办法，因为两次都是她自己心甘情愿办的卡。那段时间，李小姐见到闺蜜、女同事、女同学就会气愤地唠叨这次倒霉的经历，大骂那些黑心的美容师。

在现实生活中，相信有很多消费者会像李小姐一样在购买或使用了某种产品之后会感觉被骗了。某些营销员为了更快更多地卖出产品，往往有意夸大产品的好处，盲目提高产品的价值，想尽办法向客户推销自己的产品，但实际上产品的好处和价值并没有营销员所说的那么好。这就会让消费者感觉自己付出的资金远远大于所得到的产品的价值，让他对该种产品、对营销员产生很坏的印象，甚至因此产生恶劣的心情而对产品的主观价值的评价也大大降低。此后他不仅自己绝不再消费这种产品，还会到处宣传营销员的不道德做法、宣传名不副实的产品。

营销员这样做实际上是一种很短视的行为，可能会迷惑一部分消费者，也许在短时间内能赢利，却会永久地失去客户的信任，种下坏名声的种子。即使以后千方百计地为产品“拨乱反正”或者提高产品的价值，依然难以让客户相信和接受。而且，受骗的客户还会成为产品的义务宣传员，不厌其烦地向周围的亲朋好友宣传产品带给他的损失，这对于营销工作是致命的。

因此，要想让产品真正成为客户所欢迎的，就不要夸大产品的价值、不要只顾眼前利益而舍弃长远利益、不要让客户在购买或使用产品之后有被骗的感觉。

换位思考，将产品先销给自己再销给客户

要忠诚地相信自己的产品，先把产品销给自己，再销给客户。

一些营销员常常会抱怨自己业绩不好，抱怨客户太挑剔，抱怨所销售

的产品不够完美、知名度低。可是，真正高明的营销员几乎能将任何产品卖给任何人，哪怕这种产品有很多不足。

造成很多营销员业绩不好的一个重要原因是，营销员没有真正从内心里接受自己所销售的产品，没有学会换位思考——先把产品销给自己再销给客户。有一家公司曾举行了一次营销员换位思考的调查，结果有90%以上的营销员说，如果自己是客户，就不会购买自己的产品。既然营销员都不能说服自己，又怎能说服客户相信自己的产品呢？如果连我们自己都怀疑自己所销售的产品，那我们也就不可能把产品成功地推销给客户。

在销售过程中，客户也经常会向营销员提出很多反对意见，比如，有人说太贵、不值，有人会说产品质量没有保证，有人说产品功能效果不好……其实，客户所有的反对意见，仅仅是因为营销员没有让客户百分之百地相信自己的产品。产品不好卖，客户太挑剔，产品质量不够硬，等等，这些借口其实说到底，都是营销员自己潜意识中对产品、对销售存在抵触，自己无法无条件地接受自己的产品。如果营销员完全相信、无条件地接受自己的产品，那么，无论客户提出什么异议都能很好地处理。

“没有销售不出去的产品，只有自己不愿意销售的产品。在说服客户购买产品之前，请先说服自己。”这是很多优秀营销员的经验之谈。产品销售不理想，不能只是找客观原因，主观原因才是最重要的，才是营销员最容易把握的。不能说服自己，销售什么产品都没有效，因为总能找到理由让自己退缩。

“销售女神”徐鹤宁告诉每一个想要做成功的营销员的朋友：要让客户百分之百地相信你的产品，最有效的方法，就是你自己要百分之百地相信自己的产品，这样，自己就会在潜意识中想出各种有效的方法推销出自己的产品。而徐鹤宁自己之所以能够成为世界第一的“销售女神”，一个非常重要的原因就是她会百分之百地、毫不怀疑地信任陈安之成功学的课程，相信自己所销售的产品是最好的产品。

一位购买了徐鹤宁推销的成功学课程的人对她说：“我是个比较固执的人，我曾经怀疑你的课程是否真的那么有效，所以我不敢掏那么多钱去买。但我觉得你很坚定，坚定地认为自己的课程是最好的，你的坚定促使我掏出了钱。在上这些课程之前，我收别人的款都很犹豫，时常会担心客户怀疑我们的产品，讲了很多还是不敢说收钱。但是，上了成功学的课程之后，我发现自己在收客户钱的时候没有了障碍、没有了顾虑，因为我相信我的产品真的能够给客户带来很多好处，现在我成了我们公司收款的第一名。”

客户只有相信产品能够给他带来利益，他才会购买，要达到这一目的，就要靠营销员去说服。而营销员良好的说服能力首先来自于自己对产品的完全信任。营销员对产品充满自信，认为客户购买产品是幸运，而不购买产品是损失，只有以这种心态做营销，才有可能让客户相信产品。

所以，营销员在做销售之前，一定要事先全面而深刻地了解产品，要忠诚地相信产品，先把产品销给自己，再销给客户，就像欧美的销售员所说的“买它，然后再卖它”。

客户的同情心，可以利用吗

聪明的营销员绝不会利用客户的同情心来销售产品，而是要把客户真正需要的、真正喜欢的产品卖给他。

有时候，某些客户是出于对营销人员的同情，才会购买产品。比如，当营销员费尽口舌地给客户介绍了产品，或花费了很大力气为客户提供了各种服务，客户过意不去，就勉强买下了自己并不需要的产品。

在这种情况下，营销员到底能否将产品卖给客户呢？相信这是让很多营销员难堪的问题，卖给客户吧，担心客户买了一堆无用的东西日后会怪罪自己；不卖吧，付出了那么多努力如果没有回报自己会很不甘心。

晓娟是个刚刚大专毕业的小姑娘，毕业后她到城里去找工作。哪知道找工作非常难，辛苦了三个月，晓娟也没有找到一份合适的工作，于是她开始和一位老乡做起了安利化妆品的销售。

那个时候，晓娟没有任何销售经验，她听从了有经验的同事的意见，先拿自己的朋友、熟人“开刀”。文文是晓娟同班同学的姐姐，也是刚毕业不久的大学生，她们俩还是校友，也互相认识。晓娟于是就把文文当成了重点目标，因为文文文静、善良但缺乏主见，很容易被别人说动。

在老同事的指导下，热情的晓娟先找机会请文文吃饭、陪她逛街、和她聊天、帮她做了很多事情，很快她们俩就成了很要好的朋友。随着两人交往的增多，文文也逐渐对晓娟有了更多的了解，当她知道晓娟大专毕业后还没有挣到钱，一切都靠父母接济时，有些同情她，毕竟自己还有个相对稳定的工作，比晓娟的状况要好一些，虽然挣钱不多。

不久，晓娟开始明里暗里向文文推销安利化妆品。这让文文很为难，因为老实本分的她几乎不怎么用化妆品，再加上刚毕业挣钱不多，且挣的钱扣除自己的基本生活费几乎都寄给了在农村没有多少收入的父母。她根本没有闲钱买化妆品，更何况是这么贵的化妆品。但想到晓娟的境况、想到晓娟为自己做了那么多，文文有些同情她，不忍心拒绝她。

两人几乎每一次见面时，晓娟总要告诫文文要好好打扮自己，然后夸她们的化妆品有多好。文文心里虽然很不爽，但不敢说什么，无奈之下，她借钱买了晓娟几瓶化妆品，可她又舍不得用，就想便宜卖给同事或朋友。可是过了很久，都没有人要买这些化妆品。看着几百元钱的化妆品，文文非常懊悔，心里直埋怨晓娟。

晓娟最终把化妆品推销给了文文，这其实是利用了文文的同情心。她虽然卖出了产品，但换来的却是好朋友对她的怨恨，是对两人友情的伤害。可以说，这是一次很不高明的销售。

如果是心软、善良的客户，很容易对营销员的辛苦劳动和处境产生同情心，这种同情心可能会促使客户买下营销员的产品，哪怕这种产品对客户没有多少价值甚至完全没有用途。因为很多人对别人产生同情的时候，就会本能地想要做点什么事情帮助对方，而对营销员最好的帮助就是购买他的产品。

现实中，有的营销员可能会不惜在客户面前装出一副可怜相，向客户诉说自己做生意的艰难、生活的辛苦，以刺激客户的同情心，激发其善良的本性，利用客户的同情心和善良促成交易。如果营销员利用了客户的同情心，虽然会暂时促成销售的成功，却会潜在地伤害客户的利益，伤害自己与客户的感情，反而不利于自己的信誉建立和长期的销售工作的开展。

小王是一家大型房地产公司的业务员，在同事们眼里，小王不适合做销售，因为他老实本分，嘴巴也很笨，不像别人那样拼命把房子的好处夸张地介绍给客户。最初，小王也确实没有多少业绩，很多客户都让那些能说会道的同事们抢走了。

初夏的一个中午，一位年轻人来到了小王的房地产公司，说要租房子。正巧小王接待了他，小王听了年轻人对房子的要求后，给他推荐了几处房子，并详细介绍了各处房子的特点。然后小王就带年轻人去看房子，第一处房子装修不太好，客户不太满意；第二处房子离马路太近，客户不喜欢；第三处房子面积太小，客户也不想租。

马不停蹄地跑了三个地方，此时，小王和年轻人已经热得大汗淋漓、累得气喘吁吁。得知小王还没有吃午饭又如此辛苦地陪他看房子，年轻人有些过意不去，就提出在看过的三处房子中选择一处相对比较满意的租下来。可是小王看出客户并不是很满意那三处房子，就真诚地对对方说："你不要盲目地作决定，我一定要帮你找一套你真心喜欢的房子，我辛苦点没什么。要不，我们先休息一会儿，然后我再带你去看几处房子。"

见小王很认真，年轻人同意了。两人在路旁坐了一会儿，又到别处去看房子。最终，年轻人租到了一个自己满意的、朝阳的、干净卫生且周围环境也不错的单间。为了回报小王的热心服务，这位年轻人给他介绍了几个客户，算是报答。时间久了，小王热心为客户着想的名声渐渐传开了，他的业绩也越来越好。

可见，拒绝利用客户的同情心，拒绝把客户不需要的、不喜欢的产品卖给他，这样做短时间内也许会损失自己的业绩，但从长远来看，却能够赢得客户的信任，树立自己的信誉，为自己更好的业绩打下基础。

所以，聪明的营销员绝不会利用客户的同情心来销售产品，而是要把客户真正需要的、真正喜欢的产品卖给他。

请客吃饭只是短利客情

良好的客情关系不是靠吃吃喝喝来维系的，而是靠扎实全面的专业知识和销售经验，并附加自己真诚的情感来维系的。

当前，营销领域都注重创建并维持良好的客情关系。所谓客情关系，就是指产品或服务提供者与客户之间的情感联系。由于很多生意都是在饭桌上谈成的或者是因为送礼而促成的，很多生意伙伴也在饭桌上或者因为送礼而加深了感情，因此请客吃饭就被当做是维持良好客情关系的有力武器，很多营销员也都纷纷效仿请客吃饭这一营销手段。

很多人会认为，将自己与客户的感情搞好，只要经常和客户吃吃饭、喝喝茶或送点礼物就可以了。事实果真如此吗？实际上，请客吃饭只是短利客情，因为吃饭喝酒、送礼等是建立在双方暂时的利益关系之上的，这种关系是脆弱而不稳固的，也是短暂的，一旦双方利益发生冲突，客情关系也就会受到伤害。假如客户很看重物质利益，那么，有利益可占时，他就会对生意伙伴忠心耿耿，而没有利益可占或利益分量不能满足他的标准时，那就会影响双方的客情关系甚至使双方反目成仇；假如客户很清高，不唯利是图，不喜欢这种做生意的方式，那也会影响客情关系。另外，靠请客吃饭建立客情关系的做法也容易被竞争对手所效仿，如果竞争对手以更高的利益拉拢客户，那么重利益的客户自然就会亲近他，而且，容易被请客吃饭这种短利客情打动的客户，其素质、眼光、发展等方面也不尽人意，并不是可靠的生意伙伴。

比如，有一位做保健品营销的业务员，因喜欢喝酒，他就常常在饭桌上与生意伙伴谈生意。这位业务员每认识一位想涉足保健品行业的新客户，就会提出请对方喝酒，与对方称兄道弟。同时，因为该品牌在当地是畅销品牌，而且客户的毛利很大，很多客户熟知这位业务员的喜好，所以该业务员走到哪里都有客户的热情款待，因为客户都需要优先发货、优惠、赠品等方面的支持。那时，这位业务员与每个客户的关系看起来都很好，彼此像是铁杆的朋友，客情不可谓不好，就连公司的负责人也说这位业务员的客情做得非常到位。

但是，随着市场的变化，同种类竞争品牌的强势介入、产品毛利的下降，很多客户对该业务员的态度也开始发生了变化，大不如以前那么热情了，因为他们觉得已经无利可图了。很自然地，该业务员的业绩也大幅度下降了。

这种变化就足以说明请客吃饭这种短利客情的脆弱。

因此，要想赢得持续出色的营销业绩，营销员不要把请客吃饭这种短利客情当做维持客情关系的唯一手段。要获得稳固、持久而良好的客情关系，必须建立情感客情关系和专业客情关系，只有专业客情附带情感客情才是长久的、真正的客情。

情感客情是指要和客户建立真正的感情，通过满足客户的情感需要而建立双方的客情关系。“想客户之所想，急客户之所急”“为客户解决实际困难”等就是这种客情的表现。

有一位医药代表，向一名医生推销某品牌的药品，他许诺给医生很多好处，但医生都不为所动。有一次，医药代表发现该医生的腿在内蒙古下乡时得的病复发了，于是他就让自己在内蒙古的母亲寄来了几副鞋垫，据说该鞋垫对缓解疼痛有好处。当医药代表亲自把鞋垫送给医生时，医生被细心、有心的年轻人感动了，当天他亲自将这位医药代表送出医院大门。之后，这位医药代表所销售的品牌的药品在这位医生的处方里占到了很大一部分。

情感客情是用情感动客户，而专业客情则是用本行业的专业能力打动客户，比如，用专业知识帮助客户得到相关方面的提升和改善，给客户提出专业化的建议和指导帮助对方做好生意；在产品经营不善的时候，帮助对方找到市场问题出在哪里，提出合理的整改方案，帮助对方提高销售业绩；在销售保健品的时候，给客户讲一些养生与健康的科学知识，帮助客户保持健康的身体，等等。专业客情对营销员有比较高的要求，要求营销员充分了解行业动态、熟悉产品特点、丰富的行业经验、边缘知识、有力的说服能力等，这些都是必要的。

总之，良好的客情关系不是靠吃吃喝喝来维系的，而是靠扎实全面的专业知识和销售经验，并附加自己真诚的情感来维系的。因而要成为优秀的营销员，就必须掌握扎实的专业知识和销售经验，同时还要靠真诚的情感去感动客户，只有这样，才会使客户尊重你、信任你，并忠诚地追随你和你的产品。

不因利益而放弃原则

作为一名营销员，为了客户的利益，也为了自己的长远利益，绝不要放弃原则，不要因小失大。

在买卖产品的过程中，会牵涉到两方面的利益，一个是营销员的利益，另一个是客户的利益。真正成功的营销应该是双赢的，既满足客户的利益，又满足营销员自己的利益，这是每一个营销员应该努力的方向。

但是，在实际营销中，由于一些客户对于产品和销售来说是外行，有时候，如果满足客户的利益会影响到营销员自己的利益，某些营销员就会利用客户对于产品和销售的不知情，为了满足自己的利益而放弃原则牺牲客户的利益。这种做法其实是一种短视的行为，是一种只顾眼前不顾长远的缺乏远见的做法。

在某地农村，有一个家庭的孩子生病了，孩子的母亲去乡镇的药店给他买药。这位没有文化的母亲仅仅根据孩子和自己以前得过的某种病的症状相类似，就判断孩子也得了同样的病，她把以前自己吃过的药的药瓶拿给药店看，要求药店卖给她那种药。这家药店里有这种药，可是药店的大夫知道这是处方药，没有医生的处方不能出售，他建议这位母亲带着孩子去医院做详细的检查、治疗。这位母亲以医院看病太贵为由拒绝了，并且说："我家孩子吃了这种药说不定病就好了，没你说的那么严重。你有钱还不赚？真是呆子。"药店大夫抱着侥幸心理最终把药卖给了她。可是，当这个孩子吃了药以后，病不仅没有治好，反而更加严重，还引起了几种并发症，差一点没了小命，原因是他"吃错了药"。当然，药店也因为违规出售处方药而受到了惩处。

这位农村妈妈可能不知道让孩子随便吃药的后果，但药店大夫知道这是冒险的行为。可是他却为了十几块钱的收入而放弃了原则，结果自己遭受了更大的损失。

对于想要获得事业成功的营销员，这种因为暂时的利益而放弃原则的做法应该避免，因为它最终的结果是伤害了客户的感情，伤害了自己的客情关系，也最终会"搬起石头砸了自己的脚"。

不因暂时的利益而放弃原则，这不仅是每个营销员应该遵守的职业道德，更是帮助自己事业成功的重要条件，星巴克的成功就说明了这个深刻的道理。

星巴克在1971年刚成立的时候只是一家不知名的小公司，如今，它已发展成了拥有5000多家门店的大型企业。2001年，星巴克成为全球最大的咖啡零售商、咖啡加工厂；2003年，《财富》杂志评选全美最受赞赏的公司，星巴克名列第9。在华尔街，星巴克早已成为投资者心目中的安全港，在1995—2005年的十年间，它的股价攀升了22倍，收益之高超过了通用电气、百事可乐、可口可乐、微软以及IBM等大公司。

是什么创造了星巴克的奇迹？对此，伴随星巴克一起成长的霍华德·舒尔茨说："我们知道商业交易与相互信任之间的根本区别是什么，我们有自己的原则，我们绝对不会为了短暂的利益牺牲这一原则。"

星巴克每年都要对供应商作几次战略业务评估，评估的内容包括供应商的产量、供货时间、需要改进之处，等等。通过这种频繁的检查，星巴克希望供应商懂得这样一个理念：与星巴克合作不可能在短期内获得暴利，但供应商却最终可以通过星巴克极其严格的质量标准获得巨大的回报。当星巴克成为顾客首选而获得大发展时，供应商就会得到更多的订单与更好的声誉。

对供应商如此，对特许加盟店也是始终坚持自己的原则。星巴克选择特许加盟店的标准是：以星巴克的标准来经营！星巴克是如何经营的，特许加盟店就要以同样的方式经营。因为星巴克认为自己的原则是从消费者那里得来的，"是消费者为星巴克选择合作者而不是星巴克在选择合作者"。

绝不为利益而牺牲原则！这就是星巴克的信念，也是星巴克能够成功的重要法则。所以，霍华德·舒尔茨会说："我们可能失败，但我们相信，真正的成功者必定是沿着我们所坚持的原则成功的！"

在《闯关东》第二部第18集中，天月在三江镇的一家鞋店里卖布鞋。有一天，天月还没来店里的时候，店主将陈列在鞋柜上的一双样品鞋卖了出去，这双样品鞋的鞋底里面有一颗米粒，不仔细摸是摸不到的，但是穿久了就会硌脚。天月过意不去，就四处寻找买主，要求换回来。最终，她打听到了那双鞋是周和光的母亲买了去，就到她家把鞋换了回来。

也许，有些营销员会觉得天月这样做有些傻，产品的问题又不是什么大问题，何必小题大做呢，况且产品已经卖了出去。但实际上，天月的做法却为鞋店赢回了信誉，也感动了客户的心，值得每一个营销员学习。

因此，作为一名营销员，为了客户的利益，也为了自己长远的利益，绝不要因为利益而放弃原则，不要因小失大。

没有功利心的帮助更能感动客户

有功利心的帮助是容易让客户反感的，只有没有功利心的帮助才更能感动客户，赢得更多的客户。

帮助别人，这是人与人之间普遍存在的互动行为，在营销员和客户之间也存在着各种形式和目的的帮助。一般而言，营销员与客户之间主要是卖者和买者的关系，但是，如果营销员对客户的帮助仅仅满足于这种单一的关系，也就是说，帮助客户仅仅是为了自己卖出产品、为了客户购买产品，这种帮助就是有功利心的帮助，这是容易让客户反感的，只有没有功利心的帮助才更能感动客户，赢得更多的客户。

大致来说，营销员对客户的帮助可分为以下三个方面：销售产品，其实就是在帮助客户解决问题，而产品只不过是给客户提供解决问题的工具；售前、售后服务是在帮助客户发现自己生活中的问题，帮助客户分析问题，并提出解决问题的方案；在提供给客户与产品相关的专业帮助之外，营销员还可能会在生活中给予客户需要的帮助（目的是加强客情关系）。

无论什么产品，可以说其作用归根结底都是为了解决或避免客户在生活中遇到的问题。卖产品的最高境界是通过产品帮助客户解决生活中遇到的问题，而不仅仅是把产品卖给消费者。比如，销售保险产品，高明的销售员会抱着帮助客户解决问题的心态，而不是试图去赚客户钱的心态，他在将产品卖出之前就明确地了解客户生活中存在什么问题，客户需要解决什么问题，若客户担心家人的健康问题，就推销给客户健康险，若客户关心孩子的教育问题，就推销给客户子女教育险。相反，有功利心的销售员则一心想要客户购买他的保险产品、一心想要赚取客户的钱，他甚至不知道客户的生活中究竟什么问题最重要，也就谈不上用产品帮助客户解决问题了。

据调查，大多数销售员仍然只是推销产品，而不是考虑到客户的需求，他们的销售行为的目的是为了赚取业绩提成而不是帮助客户，尽管销售产品客观的结果是在一定程度上帮助客户解决了一些问题，但这种带有功利心的销售使得客户很容易感受到销售员眼中贪婪地想赚取客户钞票的"绿光"。这最终会让客户担心销售员会只顾自己的利益而置客户的利益于不顾，卖给他并不适合自己的产品。

给客户没有功利心的帮助，就要给客户真正需要的产品，首先就要在销售产品的过程中舍弃功利心。正确的做法是，问一问客户为什么要买这样的产品？他真正需要这种产品吗？他需要解决什么问题？他在解决问题中遇到了什么困难？帮助客户分析清楚他的现状，帮助客户清楚地认识到他真正想要的是什么，仅仅是需要产品吗？肯定不是，而是该产品能够帮助他解决某些问题的价值。

同样，给予客户专业的咨询及服务，都要舍弃功利心，绝不要客户购买了自己的产品就给他提供热心而周到的服务，不购买产品就马马虎虎地应付客户的咨询甚至拒绝为客户提供帮助。

李先生来到一家医疗器械商店，要为父母购买一台电子血压计，但当时精度最高、质量最好的那个牌子的血压计断货，只有质量稍次的几种血压计。李先生执意要买质量最好的，店主要求他过两天到货后再来买。因为着急，李先生不同意两天后再来买，他问店主哪里有卖这种血压计的，店主不乐意告诉他，就说不知道。

李先生并不明白店主的真正意思，其实店主知道哪里有卖那种血压计的，只是他不想为同行介绍生意。李先生又问他怎样选择、如何判断血压计的质量等问题，店主支支吾吾很不情愿告诉他，李先生只好识趣地走了，但他再也没有到这家商店买过东西。

俗话说，同行是冤家。相信在现实中，有很多营销员因担心同行抢了自己的生意而拒绝给客户提供类似的帮助。虽说给客户提供这样的帮助并不是营销员应尽的义务，但如果有能力提供帮助却因为客户不购买产品而拒绝给予帮助，这就带有明显的功利心了，这样做的结果也许会影响自己的生意。如果客户不买产品，但营销员仍给其提供真诚而热心的帮助、给予对方相应的咨询服务，这其实是树立了自己良好的信誉。因为这会让客户非常感动，他可能会在亲朋好友中宣传这个营销员的好，说不定还会热心地给他介绍其他的客户。

除此之外，如果营销员与客户之间既没有发生买卖关系，也不是亲朋关系，营销员给予客户的与买卖关系无关、与产品无关的帮助，如当客户在生活中遇到困难的时候给予客户无私的、不奢求对方以购买自己的产品为回报的帮助，会更让客户感动。

总之，帮助客户，要舍弃功利心，不仅销售产品时要舍弃功利心，在给客户提供专业咨询和服务时、在给客户专业以及产品之外的帮助中，都尽可能地舍弃功利心，帮助要不以客户购买产品为最终目的，这样才能真正赢得客户的心，感动客户。

切实对客户负责

真正做到客户内心深处的营销都是真心实意地为客户负责、为客户着想的，而不是仅仅考虑自己的利润高低。

从获取利润的角度来说，营销员都希望自己销售出的产品越多越好，有的营销员为了自己最大限度地获得利润甚至会不惜牺牲客户的利益。然而，从情感营销的角度以及营销员的长远利益来说，这种做法却是非常短视的，许多售假者的悲惨下场就是明证。

真正做到客户内心深处的营销都是真心实意地为客户负责、为客户着想的，而不是仅仅考虑自己的利润高低。在国外，有这样一则深情的情感公关广告曾经深深打动了消费者的心。

1989 年年底，加拿大西格拉姆酿酒公司在美国各地 150 多家报刊上同时登出一条广告：劝君切勿饮酒过量。广告画面是一位衣冠楚楚的公司经理，他精神颓废地坐在办公室里。画面下是这样一段文字："理查德是一位大有作为的经理，但他有个致命伤，每天午餐时都要喝上几杯酒，这不仅是在危害他自己的身体健康，弄不好还会把自己灿烂的前途断送。"

一般来说，买酒的总会高声吆喝自己的酒，人们喝酒越多，酿酒公司的利润就越丰厚。但是西格拉姆酿酒公司却反其道而行之，完全站在消费者的立场上，善意地劝告公众不要饮酒过量，并且还举了一个因为贪杯而损害了健康、断送了前程的例子，让人们引以为戒。这种诚心的坦露、切实为客户负责的态度，既是公司酿酒经营思想的展示，也是公司高尚道德情操的张扬。广告登出不到一个月，该酿酒公司就收到了十余万封赞扬信，推崇该公司对消费者负责的诚实态度。这样的广告非但没有影响酒的销量，反而在消费者中树立了良好的品牌形象，让该品牌更加深入人心，使人们在购买酒类的时候第一个想到它。

切实为客户负责，就是在整个营销过程中要从客户的利益出发，绝不做任何损害客户利益的事情，这是让客户忠诚于产品和服务的重要条件。任何不为客户负责的做法，也必然都是对营销员利益的损害。

为客户负责，不是仅在口头上说说而已，更重要的是一定要落实在实际行动中。

在营销领域，有这样一个故事被传为美谈：

有一天下午，一位美国女记者在日本东京奥达克余百货公司购买唱机，一位售货员彬彬有礼地接待了她，为她挑选了一台尚未启封的索尼牌唱机。事后，这位售货员清理商品时突然发现，他错将一个空芯的唱机货样卖给了那位女记者，于是，他立即向公司警卫做了报告。警卫立即四处寻找女顾客，但不见她的踪影。

公司经理接到报告后，认为这一失误事关顾客利益和公司信誉，非同小可，就马上召集有关人员进行研究。当时他们只知道那位女记者名叫基泰斯，还有她留下的一张美国快递公司的名片。根据这条仅有的线索，奥达克余公司公关部连夜开始了一连串近乎大海捞针似的寻找。他们先是打电话向东京各大旅馆查询，毫无结果。后来又打国际长途，向纽约的“美国快递公司”总部查询，深夜他们接到了对方的回话，得知了基泰斯父母在美国的电话号码。接着，奥达克余公司公关部又给美国打国际长途，找到了基泰斯的父母，从父母那里打听到了基泰斯在东京的住址和电话号码。公关部的几个人忙了几乎一整夜，总共打了35个紧急电话。

第二天一大早，奥达克余公司就给基泰斯打了道歉电话。几十分钟之后，公司的副经理和提着大皮箱的公关人员，乘着一辆小轿车赶到了基泰斯的住处，两人进入客厅后，见到基泰斯就深深地鞠了一躬，表达了他们的歉意。他们除了送来一台新的合格的索尼唱机外，又加送了著名唱片一张、蛋糕一盒和毛巾一套。接着，副经理打开记事簿，宣读了怎样通宵达旦地查询基泰斯住址及电话号码，及时纠正这一失误的全部记录。

此时，基泰斯深受感动。她坦率地陈述了买这台唱机是准备作为见面礼送给在东京的外婆的，回到住所后，基泰斯打开唱机试用时发现，唱机没有装机芯，根本不能用。当时，她火冒三丈，觉得自己上当受骗了，立即写了一篇题为《笑脸背后的真面目》的批评稿，准备第二天一早就到奥达克余公司兴师问罪。她没想到，奥达克余公司纠正失误如同救火，为了一台唱机，花费了这么多的精力。为此，基泰斯撕掉了批评稿，重写了一篇题为《35次紧急电话》的特写稿。稿件见报后，反响很强烈，奥达克余公司因一心为顾客负责而声名鹊起，门庭若市。

可见，只要真心为客户负责，并将这种负责的精神贯穿在实际行动中，即使工作有失误，也会让客户深受感动。所以，营销员要切实做到为客户负责，哪怕暂时损害自身的利益，也绝不要损害客户的利益。

太过热情会赶跑客户

营销员表现得过分热情，会让客户感觉自己的自然空间或隐私被侵犯，感觉非常不舒服，这自然会引起客户的"反抗"。

我们主张营销员对待客户要热情，但这种热情是客户能够接受的热情，绝不是表现得过分热情。过分的热情会让客户觉得营销员很虚伪，觉得其目的性很强，觉得他一心只盯着客户的腰包，所以客户会本能地拒绝他。

什么是过分的热情？下面几个案例中营销员的表现都过分热情，让客户在情感上难以接受。

案例1：有一次，陈小姐去某服装店买衣服，刚进了服装店，两个店员都立即围住了她，一个店员非常热情地推荐给她某种样式的衣服，另一个马上随声附和。陈小姐一边回转身朝另一个方向走，一边礼貌地说："我先自己看看，有需要的话我就喊你们！"谁知两个店员没有听从她的话，其中一个马上拿起旁边的一款衣服，说："这款是今年最新款的，小姐您穿上肯定特别漂亮。""是啊，小姐您这么有气质，这件衣服很适合您的。"另一位店员也急忙说。陈小姐走到商店的另一个位置，两位店员紧跟其后、不离左右，依旧热情地为她介绍着不同的款式。陈小姐受不了店员的热情，感觉很不舒服，只好找了个机会溜掉了。

案例2：小方去一家化妆品店买化妆品的时候，遭遇了一位过于热情的销售员。这位销售员为了显示自己的热情，拼命地与小方套近乎，不断地微笑着问她一些问题，诸如："你家在哪里?""你做什么工作?""有男朋友了吗?"等，小方被一个陌生人问到这些隐私问题，觉得很烦，答也不是，不答也不是。

案例3：有的销售员为了显示自己的热情，还会有意无意地与客户有肢体上的接触。如在一家花店做导购的小孙是个非常热情、言行都很夸张的姑娘。一次，一位与她同龄的女孩来店里买花。在给女孩介绍各种花的时候，小孙一会儿拍拍她的肩膀，一会儿拉一下她的手臂，当女孩赞同小孙的意见时，小孙还会突然拥抱一下女孩。这让女孩很反感，总会不由自主地躲避小孙的身体接触。

服务态度是影响客户消费情绪的重要因素，在当今的实际营销中，营销员冷冰冰的面孔、冷淡的服务少了，而过度热情的服务却也让客户感觉很不自然。以上几个案例中营销员的表现都是应该避免的，尤其是在面对新客户时。不合时宜地亲近客户、喋喋不休地介绍和建议、过于亲密的语言交流和肢体接触，这些过度的热情常常事与愿违，不仅不会让客户感受到尊重和温暖，反而觉得被人冒犯。于是他们会本能地对营销员产生不满和抵触情绪，甚至放弃曾经有过的购买打算，赶快走掉。有的客户甚至将此称为"热情的虐待"，足见其多么地让客户厌恶。

大多数情况下，营销员对于客户都还是陌生人或者不太熟的人，而陌生人之间突然间距离拉得太近，就会让人感觉很不舒服。在营销过程中，营销员只有与客户保持适当的距离，客户才会感觉自然而舒适，彼此的交流才会顺畅，成交的可能性才会更大。

对待客户，不要表现得过分热情，而要学会把握与客户之间适当的距离，给客户一个自然舒适的空间，具体要做到以下几点。

(1) 客户进来后不要马上迎上去，可事先远远地观察对方几秒钟，然后再礼貌地走上前去询问对方需要什么样的帮助；

（2）要与客户保持一定的距离，一般为1.5~2米为宜（视店堂情况而定），避免与客户有肢体上的接触（除非客户是好友或亲人）；

（3）避免过于主动、过于冗长地介绍产品，最好是当客户主动询问时，再上前去做最专业的回答；

（4）以自然、轻松而礼貌的微笑面对客户，避免表情过于夸张，说话的语气语调也要轻松自然；

（5）避免谈及客户的隐私问题。

做到了以上几点，相信就不会给客户留下过于热情的、不舒适的感觉，而只有在这个前提下，销售过程才能顺利进行。

让虚情假意的微笑走开

成功的营销要以真诚的微笑开启，而让虚情假意的微笑走开。

微笑是人际交往中也是营销行业和服务行业中很重要的肢体语言，但微笑有真诚的和虚假的之分。真诚的微笑是发自内心的、不加掩饰的笑，它体现的是内心的真善美；而虚假的微笑则是虚伪的，代表着人肮脏或险恶的用心。成功的营销要以真诚的微笑开启，而让虚情假意的微笑走开。

作家刘墉曾谈到过这样一件事情：

在他读大学的时候，常去附近一个水果摊去买水果。去的次数多了，就和老板成了朋友。

有一天，老板听刘墉说喉咙沙哑，就建议他喝点椰子汁。刘墉接受了老板的建议，可是他没买过椰子，不知道什么样的椰子是好的。于是，老板笑着对他说：“我来帮你挑，摆得越久的椰子，越甜，对嗓子也好！”刘墉被老板的笑容感动了，就放心地让老板帮忙挑椰子。

从那以后，刘墉常去老板那里买椰子，有时还带着同学、朋友一起去，并主动告诉他们，摆得越久的椰子越好。

有一次，刘墉跟女朋友一起去买了个椰子，且特别请那个老板帮忙挑。等他们俩把椰子拿回家，才把靠柄的地方削掉，这时他觉得椰子软软的不对劲，等插进吸管尝一口，差点呕了出来。原来，那椰子壳里的果肉，已经烂在了椰子汁中，散发出一股酸臭的味道。

刘墉发现自己上当了。长久以来，他把老板当成朋友，对方却只想把快要坏掉的东西卖给他。刘墉后来常常想：当自己介绍同学朋友去向这个老板买“烂椰子”的时候，老板的笑容后面是怎么想？他八成是在笑这些学生真是一群书呆子吧。

刘墉的遭遇并不是特例，现实中，很多人对从商者常常没有好印象，认为“无商不奸”，即使他们脸上对客户展现出笑容、行为上表现得很友好，但为了自己的利益，他们会不惜损害客户的利益。有的营销员会用微笑迷惑客户，换取客户的信任，但在笑容的掩盖下，他可能会利用客户的无知，利用客户对产品不知情来满足自己的利益。也许他会把有缺陷的商品以次充好卖给客户，也许他会以高价卖给客户低价商品，也许他会以假当真卖给客户假冒商品，等等。由此说来，商人表现出来的微笑就成了一种虚伪的面具，这种虚情假意的微笑是最让客户痛恨的。

靠虚假的微笑骗取客户的信任，靠利用客户的无知或不知情而将产品卖出，这暂时会让自己获得某些利益。但这样做的结果，是伤害客户的感情、失去客户对自己的信任，会损害自己的信誉和名声，会失去自己的市场，失去长久的、更大的利益，最终得不偿失。

与此相反，“真诚的微笑”是营销过程中非常有效的情感语言，是沟通营销员与客户心灵的钥匙，是促使营销成功的重要媒介。世界许多著名饭店管理集团，比如喜来登、希尔顿、假日等，都有一条共同的经验，他们认为，微笑是一切服务程序中灵魂与指导的“十把金钥匙中最重要的一把”；麦当劳快餐店老板也认为，“微笑是最有价值的商品之一”。

虽然微笑是表现在人的脸上，却体现着其内心的动机或用心，而动机或用心会左右人的行为。如果营销员内心对客户的情感是真诚的，是真心为客户的利益着想的，那么他的微笑也会是真诚的，表现出来的行为也就是千方百计地为客户提供良好的服务和帮助；反之，如果营销员只考虑自己的利益不考虑客户的利益，那么其微笑就是虚情假意的，在行为上也会为了自己的利益而不惜损害客户的利益。

微笑服务，从心开始。让虚情假意的微笑走开，就是要求营销员真心实意地为客户着想，并展露出真诚的微笑。要对客户付出真实的情感，将心中的"情"与脸上的"笑"完全融合在一起，这样的微笑才能让客户感觉踏实、温暖、感动。

如何打折会让消费者更易接受

使用恰当的折扣率，给出合理的打折理由，且保证打折商品的质量和售后服务，这样的打折才是消费者更容易接受的。

打折是很多商家和营销员经常采用的一种用以促进销售的手段。但如何打折却是一门学问，不恰当的打折可能会影响到消费者的消费情绪。

在某年4月7日至11日"世界健康日"期间，某地一家保健品店为了促销也为了扩大影响，在门口竖起了一块"打折销售"的大型宣传板，门口的大喇叭也天天不停地高声吆喝着打折的消息，指出部分保健品在那几天以六折起的价格销售。

店主满以为这几天店里会顾客盈门，那些打折的、滞销的保健品会很快被抢购一空。然而，可惜的是，尽管经过保健品店门口的人络绎不绝，也有很多人饶有兴趣地观看那块醒目的宣传板，但真正走进店里的顾客却没有多少，最终购买产品的就更少了。

店主有些不理解，这么便宜的价格怎么会没有人买？且听顾客是如何议论的。“折扣这么高，不会是假货吧?”“这么便宜啊，说不定产品快过期了呢。”“还是小心点好，可别买到没有质量保证的东西，花钱事小，损害健康事大。”

对于大部分消费者来说，也许这家保健品的折扣有些过高了，这让他们开始对产品产生了怀疑，从而影响了消费。

如今，打折已不是什么新鲜事，走在商业街上，目之所及，到处都是打折的广告。打折这种被广泛使用的促销手段，看似简单，但在实际操作中要想收到预期的效果，却不是那么简单的。折扣过低，消费者可能不愿意接受或消费不起，引不起消费者的购买欲，因为他们觉得没有“便宜”可占，认为销售者仍然赚取了很多利润；但过高的折扣也可能会让消费者对产品产生怀疑，因为消费者还是相信“一分价钱一分货”的道理。

所以，要让打折能够被消费者接受，首先折扣率要适当，不能过高也不能过低。可通过对消费者的消费调查分析，依据消费者情感上能够接受的价位、结合产品本身以及销售环境等各种因素制定折扣率，正常地打折，折扣率一般在原价的20%～30%浮动，并根据具体情况适当增高或降低折扣率。

打折理由也是影响消费者消费情绪的一个重要原因，不恰当的打折理由会阻碍消费者购买。

某年“五一”期间，某市著名商业街两家毗邻的服装店都打折销售，但效果却大不相同。

一家服装店在店门前厅两侧设了两节打折商品专架，并通过醒目的店内广告，告知顾客打折的商品仅限于两侧衣架上的衣服，打折原因是这些是过季商品，为收回货款而进价甩卖。这家店不但打折专架前顾客购买踊跃，且店内其他地方的应季服装也销量大增。

而另一家服装店提出的打折理由是“五一期间全场精品全部打八折”。虽然他们也在高喊打折促销，宣传势头也不比第一家店弱，却不见顾客响应，依然门可罗雀。

两家店不同的结局在于其打折的理由是否让顾客信得过。第一家店把真实的打折理由告诉了顾客——如今是换季，打折的衣服已过季，因此为回收成本打折出售。这个理由简单可信，顾客觉得店家真诚，因此会积极响应。而第二家店没有给出一个合理的打折理由，没有说明为什么全场“精品”都打八折，这容易让消费者感觉不踏实：打折的是不是都是有问题的？是不是假的精品？

无理由地打折，容易让消费者怀疑是真打折还是假打折，是真货还是假货，因而难以让消费者接受。因此，要想打折有预期的促销效果，还必须要有真诚的态度，把打折的真实原因如实地告诉消费者，这样消费者才更容易接受。

此外，有些消费者购买打折商品容易对产品的质量和售后服务等有顾虑，所以，打折商品也要保证质量和售后服务，并真诚地告知消费者这一点，免除消费者的后顾之忧，以赢得消费者的信赖。

总之，使用恰当的折扣率，给出合理的打折理由，且保证打折商品的质量和售后服务，这样的打折才是消费者更容易接受的，也最终能赢得消费者对自己和产品的忠诚。

每一位客户都值得尊敬

在情感营销中，任何厚此薄彼、以貌取人、以身份取人、以财力取人的做法都是愚蠢的，这样做会伤害客户的感情，最终也使自己损失生意。

消费同一产品的客户可能会具有不同的身份、地位，也会有不同的背景、能力等。但是，作为营销员，绝不能将自己的客户根据身份、地位、财力等情况分为不同的等级，并对他们区别对待，不能带着“有色眼镜”去看待不同的客户。

事实上，每一位客户在营销员的心里都应该是值得尊敬的上帝，都应该享有同等条件和水平的优质服务，无论他是穷人还是富人，无论他是有名有势的人士还是无名小卒等。在情感营销中，任何厚此薄彼、以貌取人、以身份取人、以财力取人的做法都是愚蠢的，这样做会伤害客户的感情，最终也使自己损失生意。下面的例子就是一个教训。

王新和陈勇同为一家房地产公司的业务员，这天中午刚吃过午饭，两人正在店里有一搭没一搭地闲聊着。

这时，店铺门外来了一位六七十岁的老太太，正站在门口看门外宣传板上贴着的房产信息。老太太穿着很普通，一身有些土气的陈旧衣服，脚上是一双普通的布鞋，手里拿着一个小小的布包，像个农村老大娘。

王新和陈勇隔着窗玻璃观察着老太太，王新说："这个老太太一定是吃完饭后闲溜达着来看热闹的。"陈勇也附和着说："肯定是，看她这身打扮也不像能够买得起房的人啊。"

老太太站在宣传板前看了好一会儿，还没有离去，王新说："她会不会是租房的啊？"想了一会儿，他对陈勇说："兄弟，这单让给你了，你去接待她吧。""还是你去吧。"两人都以为这位"农村老大娘"不会是来买房的。

最后，陈勇只得走到了老太太跟前，礼貌地与她打了个招呼，然后向她介绍了不同户型的房子。

让王新和陈勇都没有想到的是，老太太最终订购了一套三居室、价值100多万元的房子，而且在两周之内就付款收房了。这下，陈勇算是捡了个大便宜，而王新则肠子都悔青了。要知道，100多万元的房子提成几乎就是一年底薪的总和了！

原来，这位老太太是一名退休的公务员，向来不注重打扮，崇尚简朴的生活。她只有一个儿子，眼看着房价越来越高，儿子又要马上结婚，思前想后，她就和老伴、儿子、儿媳商量，卖了家里原来的两居室，再加上老两口的一些积蓄，换成一套面积大一些的三居室。

诸如此类的事情在销售中屡见不鲜，如果客户从外表上看，像是没有足够的经济实力，或者从外在行为上看不像是买东西的，或者仅购买了少量的产品而不是大客户，很多营销员就容易慢待他们，在服务中表现漫不经心、不愿意为其服务或服务不到位，而对那些大客户或者有权有势、经济富裕的客户则毕恭毕敬、百般讨好，把他们奉为真正的“上帝”。

在情感营销中，这种不同客户不同对待的做法是要不得的，否则终将会失去那些被慢待的客户，也必会影响自己的声誉和生意。因此，营销员要懂得给每一个客户同等程度的尊重，给他们同样优质的服务。下面这则小故事中酒吧主人的做法对我们是有益的启发。

在耶路撒冷有一家小小的“芬克斯酒吧”，这是一位名叫罗斯恰尔斯的犹太人开的。

有一次，美国国务卿基辛格来到了耶路撒冷，突然想到酒吧消遣消遣。于是他就亲自打电话给芬克斯酒吧，说自己和10个随从要一起到该酒吧消费，希望吧主到时候拒绝其他所有顾客。

像这样一位显赫的国家要人光顾小店，是很多老板都求之不得的。然而，芬克斯酒吧老板却拒绝了，他客气地对基辛格说：“您能光顾本店，我感到莫大的荣幸，但因此而谢绝其他客人，我做不到。那些客人有很多是曾经支持过这个小店的人，因为您的到来拒他们于门外，我无论如何也做不到。”听到酒吧主人这样说，基辛格只得无奈地挂断了电话。

芬克斯酒吧的这一举动在耶路撒冷迅速传开，这让众多普通顾客很感动，因为在酒吧主人眼里，他们的地位并不比国家要人低。这恐怕就是芬克斯——一家面积不足30平方米、仅有一个柜台、5张桌子的小酒吧，被美国《新闻周刊》选入世界最佳酒吧前15名的原因了。

在生活中，也许不同客户的地位有高低，但在酒吧主人眼里，他们是没有任何差别的。这种平等对待不同客户的做法是所有营销员应该学习的。作为营销员要记住，凡上门的即是客，每一个客户都是上帝，都值得我们用心去服务，绝不能厚此薄彼。

你给了客户一种家人的感觉吗

要给客户一种家人的感觉，就要努力做到像对待自己的家人一样对待每一位客户，每一点一滴的服务和关照都要体现自己的真心。

一般而言，家人给人的感觉是温暖，是可依赖的安全感，即使是没有血缘关系的家人。家人不会让我们担心或怀疑他们会害我们，即使有某种情感的伤害，那也是无意的。这是一种让人很放心、没有任何顾虑的情感。

如果在营销过程中，我们也能够给客户一种家人的感觉，那么客户就会对我们产生依赖，不会对我们有任何怀疑，进而忠诚于我们的产品。这样的话，营销工作就会非常容易开展了。所以，营销员在营销过程中不妨努力给客户一种家人的感觉。

在某酒店的员工大会上，酒店常务总经理最常对员工说的一句话就是："我们对待客人要像对待自己的家人一样。"而他们也将工作做到了客人的心坎上，从语言到行为以及每一个服务细节都力求做到让客户满意、放心，让客户住进酒店就像到了自己的家一样。

那些拉着行李箱、提着大包小包远道而来的客人还没走进店里，在门口接待的服务小姐就马上走上前，接过客人的行李，一边还微笑着说："您辛苦了！我来帮您吧。"然后服务台很快就为他们安排好了舒适的房间。服务小姐提着客人的行李将客人送到房间后，还不忘关照客人说："您应该累了吧？先冲个热水澡，好好休息一下吧。我们这里有送餐服务，要是您饿了，可以先打电话叫一些点心充充饥。如果您还有什么需要帮忙的，就尽管叫我们。"

每次有客户第二次住进酒店，服务小姐就会热情地说：“××先生，您回来了。”客户受到服务小姐热情的感染，连忙说：“回来了，好久不见了。”服务员接着会问：“您是否还要上次那样的房间？我来帮您安排。”客户大多会感动于酒店对自己的情况会记得如此清楚。

工作人员从语言到行为上都把客人当家人一样对待的用心服务，让客户在这家酒店住得很放心、踏实，所以很多客人到了这个城市常会首选这家酒店。

家人般的关照会让客户疲惫的心得到慰藉，不仅仅是酒店、宾馆服务，对于任何产品的营销，如果营销员在营销过程中都给予客户家人般的情感关怀，那就更容易感动客户，更易赢得客户的情感分。

要给客户一种家人的感觉，就要努力做到像对待自己的家人一样对待每一位客户，每一点一滴的服务和关照都要体现自己的真心，切实把客户的甘苦和利益放在心上，并且不奢求回报地帮助客户，这样就会让客户对我们和我们的产品产生情感上的依恋，放心地使用我们的产品。

第五章

交流情感，推进营销进程

——感情同步沟通才更有效

营销过程既是营销员与客户进行有关产品或服务信息交流的过程，也是彼此感情交流的过程。人都是情感动物，客户购买产品的过程也是抒发情绪情感的过程，如果与客户交流信息的过程中缺少了感情的交流，营销就会变得缺乏生气。因此，与客户交流信息，更要与客户交流感情，只有感情同步，沟通才更有效。

这样说最有效：见什么人说什么话

只有根据客户的不同特点，采用不同的语言和行为方式去与之互动，才能让客户更乐意接受。

每个人的性格及情感特征、文化程度、看问题的角度、对事情的评价标准等都不一样，不同的人对同样的话可能会有不同的感受。比如，“你长得真漂亮”，如果我们是对一个长相不错且非常自信的人这么说，那么对方听了后可能会非常开心；但如果我们对一个内向自卑、对自己的外貌不自信的女孩说，那么她可能觉得你在讽刺她，她会感觉非常不舒服。

同样，不同的客户有不同的性格和情感特征、不同的看问题的角度以及不同的评价事物的标准。所以，我们在与不同的客户交流时，就要看人下菜碟儿，见什么人说什么话，否则，我们可能会伤害客户的情感，从而影响销售过程。只有根据客户的不同特点，采用不同的语言和行为方式去与之互动，才能让客户更乐意接受。

有一次，中央电视台主持人敬一丹到某地采访，采访的话题是谈农民产业协会，采访的对象是一位养猪分会的会长。在做好了充分的准备之后，敬一丹开口了，她说：“会长，你们这个养猪分会辐射了多少农户？”

没想到，这个会长满脸迷惑，他看着敬一丹说：“对不起，记者同志，什么射了多少农户？”在场的一些人在偷偷地笑，会长有些尴尬，而敬一丹也恨不能找个地缝儿钻进去，自己怎么把书斋里和专家学者说的词直接就搬到农民身上了。敬一丹想：用一句什么样的话才能让这个养猪分会的会长懂得“辐射”的意思呢？就在敬一丹思考的时候，会长说：“什么会长呀！我就是个养猪的头儿。”听了会长的话，敬一丹急不择词，马上换了一句话问："你这个养猪的头儿管着多少家呀？"

接下来的谈话，敬一丹就时刻注意根据会长作为农民的身份选择谈话的用词和语气，当然两人的谈话进行得非常顺利。

在营销工作中，如果对一个文化程度不高的客户也说深奥的专业术语或文绉绉的话，那就会显得不伦不类，可能会让客户感到难堪。同样，如果不顾客户的年龄、性别、身份地位以及性格特征等而不加分别地说话，自然也难以达到更好的效果。

那么，在营销工作中，怎样才能做到"见什么人说什么话"呢？

1. 要考虑客户与自己的关系

如果客户是亲朋好友，你很熟悉，说话时若随便一些，甚至谈一些很私密的话或开开玩笑，语气语调不过分讲究，客户可能也不会太介意。但如果是陌生人，那就要注意了，不能像与亲朋好友那样说话随便，而需在用词、说话的语气等方面要有礼貌、有涵养，否则会让客户感觉不舒服。

2. 要了解对方的说话方式

不同的客户有不同的说话方式，营销员要尽量采用与客户同样的说话方式说话。比如，如果对方说话很直，不拐弯抹角，营销员也应该坦诚、实在，有什么就说什么；如果对方彬彬有礼，说话文雅、含蓄，营销员也应该文雅、和气、谦逊；如果对方情绪低落，不愿与人交流，营销员就应该少说两句，或者干脆不说；如果对方很喜欢说话、喜欢与人交流，营销员就应多与客户说话。

3. 根据客户不同的身份地位以及职业说话

如果营销员了解客户的身份地位及其职业，就要根据客户的这些情况有分别地说话。比如，对知识分子，用语要文雅、委婉；对普通工人，用语需直接、爽快；对农民，用语则要通俗、朴实。李淑贞是一名优秀服务员，她的接待语言就能很好地切合客户的身份地位以及职业。

知识分子进店，李淑贞会这样说：“同志，您要用餐，请这边坐。来个拌鸡丝或熘里脊，清淡利口，好不好?”

工人来到李淑贞店里，李淑贞就这样讲：“师傅，今儿个倒班，想吃过油肉，还是汆丸子?”

如果是乡下老大娘进店，李淑贞会这样说：“大娘，您进城里来了，趁身子骨还硬朗，隔一段就来转转，改善改善生活，您想吃点啥呢?”

像李淑贞这样，对不同的客户说不同的话，就会让每一个客户听着都很受用。

4. 注意对方的年龄和性别

对不同年龄和性别的客户，说话方式也应不同。比如，对老年客户，说话要谦虚、恭敬，语言行为上都要尊敬对方，切不可嘲笑对方某些话“老生常谈”“老掉牙了”，不要轻易问对方的年龄；对与年龄相仿的客户，态度可稍随便些，但也要注意分寸，不可出言不逊；对小孩子说话，态度要和蔼温柔，表情丰富，语气和用词活泼；对于异性客户，语言、行为不可过于随便，不可搔首弄姿，而应庄重大方，自尊自爱也是尊重对方。

5. 了解客户的性格

不同性格的客户喜欢听不同的话，比如，死板、特别较真的客户不喜欢开玩笑，对他们说话要慎重，不要随便开玩笑；傲慢无礼的客户会自认清高、目中无人，与这样的客户说话语言要简洁有力，行为上也不必表现得过于谦卑；对内向、沉默寡言的客户说话最好直截了当、简洁明了，避免迂回的谈话方式；对外向、喜欢交往的人则多一些语言交流和互动，等等。

总之，营销中交流情感的方式要视客户的具体情况而定，年龄、身份、性别、性格等都是重要的参考因素，营销员要学会根据客户的这些有关情况说话做事，让客户在情感上更容易接受。

用故事感动消费者

故事比单调的产品信息更会说话，更易满足客户的情感需求，因而也是更有效的营销手段。

故事，常常能引起人们的好奇，驱使人们迫不及待地想知道它的起因、经过和结局。无论大人还是孩子，都喜欢听故事，这是人的一种正常的情感需求，因为动听的故事常常能够带给人们精神的愉悦。

在营销过程中，单调、生硬、毫无特点的产品信息解说常常缺乏煽动性，对客户也缺乏足够的吸引力，这样，即使再好的产品，也难以勾起客户购买的欲望。如果营销员能把相对单调的产品信息，通过饶有趣味的故事艺术性地表达出来，就能够使客户对产品产生兴趣，激起客户的情感共鸣，使营销员和产品都能够在客户心中留下深刻的印象。

在英国乡下，有一个生活曾极度困顿的单身母亲，她后来靠着向全世界讲述童话般的魔法故事而成了富婆。她通过讲故事赚的钱比女王还要多，她就是人类历史上第一个收入超过10亿美元的作家乔安·罗琳。而在福布斯排行榜上，中国最赚钱的文人，也是一个善于讲故事的人——易中天。

全国最大的主题酒吧“阿伦故事”酒吧也是靠讲故事而取得成功的。

阿伦故事酒吧自成立以来，没有传统招商会大规模的吆喝，也没有铺天盖地的广告，但如今它在全国各地的连锁店已经有近200家，其成功的秘诀就是给每个光临酒吧的顾客讲故事。可以说，很多顾客光顾阿伦故事酒吧更主要的不是为了喝酒，而是为了听故事。

“阿伦故事”酒吧的创始人阿伦靠2000元钱起家，成立了一家酒吧，然后建立了自己的网站，并根据自己酒吧发生的真实故事，结合自身的经历写成美丽的酒吧故事，张贴在他的网站上，并集结成册，这些故事广为流传。

凭借故事的广泛传播，阿伦很快开起了他的第一家加盟店——绵阳店，此后，也是凭借故事，希望加盟的人越来越多。从他开始贩卖“摘花的故事”，几乎每天都有人在看到网站和书籍上的故事后寻求加盟。

“阿伦故事”酒吧通过一个个浪漫的酒吧故事，带给了客户丰富的情感体验。美好的情感体验是无价的，这样客户就不会再介意酒吧里昂贵的酒水，这就是“阿伦故事”酒吧的高明之处。

同样，一个“张瑞敏砸冰箱”的故事，也改变了海尔冰箱的命运，使其逐渐成为了全国乃至世界知名品牌。

青岛海尔冰箱创立之初，是一个亏空147万元的集体小厂。1985年12月的一天（海尔成立第二年），时任海尔冰箱总厂厂长的张瑞敏收到一封用户来信，反映了海尔冰箱有质量问题。张瑞敏带领管理人员检查了整个仓库，发现仓库的400多台海尔冰箱中有76台不合格。张瑞敏立即召集全体员工到仓库开现场会，问大家怎么办。

当时，有员工提出，这些不合格的冰箱是外观划伤，并不影响使用，建议作为福利便宜点儿卖给内部职工。而张瑞敏却说：“我要是允许把这76台海尔冰箱卖了，就等于允许明天再生产760台、7600台这样的不合格冰箱。放行这些有缺陷的产品，就谈不上质量意识。”于是张瑞敏当即宣布，把这些不合格的冰箱全部砸掉，谁干的谁来砸，张瑞敏抡起大锤亲手砸了第一锤。

“张瑞敏砸冰箱”的故事在消费者中广泛传播，这种从消费者的立场上考虑问题的做法赢得了他们的信赖，该产品过硬的品质也使更多消费者成了其忠实的用户。

事实上，任何产品无论是在生产中还是销售中都有一些有趣的话题，把这些有趣的话题发掘出来，并编成动听的故事，比如，产品诞生的故事、对产品质量要求严谨的故事、为顾客服务的感人故事，这些都是非常好的营销工具。下面的故事就是很好的经验。

一位钢铁厂的推销员向一位顾客推销产品时，对方问他："你们的产品质量怎么样?"

这位推销员没有直接回答顾客的提问，而是给顾客讲了下面这个故事：

"前年，我们厂接到了客户的一封投诉信，信中说产品质量有问题。接到投诉信后，厂长下令有关人员自掏腰包，坐车到了100千米之外的这家客户单位，当我厂员工来到客户使用产品的现场，看到由于产品质量不合格而给用户造成损失时，都感到无比的羞愧和痛心。回到厂里，厂长立即召开质量讨论会，除了决定对那家客户单位采取赔偿、更换产品等措施外，大家还纷纷表示，今后绝不让一件不合格的产品进入市场，同时决定把接到顾客投诉的那一天作为'厂耻日'。结果，当年我厂产品就获得了优质产品的称号。"

如果推销员只是简单地对客户说"我们的产品质量绝对没有问题"，可能不会让客户信服，但给客户讲了这个故事，就足以让客户相信他们的产品质量。

可见，故事比单调的产品信息更会说话，更易满足客户的情感需求，因而也是更有效的营销手段，营销员不妨充分利用故事来促进营销。

目标客户：倾听他的情感诉求

对于目标客户，营销员要学会倾听其情感诉求，运用恰当的倾听技巧，更有效地在倾听中了解目标客户的情感需求，并尽力满足客户的这些情感需求。

所谓目标客户就是指需要某种产品或服务，并且具有购买能力的客户。比如，正在光顾手机卖场准备更换新手机的客户就是手机这种产品的目标客户，准备买房又有经济支付能力的客户就是房子这种产品的目标客户。

因为销售某同类商品的商家并不是只有一家，销售同类产品的营销员也不是只有你一个，所以目标客户有可能会成为这家商品的最终购买者，也有可能成为别家同类商品的最终购买者。一般来说，营销员不会放弃任何一个目标客户，比如，他不会因为某个目标客户不会使用该产品或者因为自己不喜欢这个客户而不把产品卖给他；但客户却不同，客户有选择权，他可以选择这家商店，也可以选择别家商店，他可以选择这个营销员，也可以选择另一个营销员。因此，对于营销员来说，他所能做的，就是如何尽可能地赢得更多的目标客户，如何尽可能地占有更大的市场；而目标客户则会尽可能地选择能最大限度地满足他情感需求的商家和营销员。

要想在营销竞争中获胜，要想赢得更多的客户，营销员就必须要学会倾听目标客户的情感诉求，了解他有哪些情感需求，了解他对产品有什么要求等，以便自己能够结合自己产品的特点，更好地让自己的产品满足目标客户的情感需求，从而赢得目标客户的信赖和支持，使其成为产品的最终购买者。

在情感营销过程中，陈述和倾听是两个非常重要的环节。营销员要通过陈述将产品有关信息尤其是产品的情感卖点展现给客户，还要通过倾听了解客户的需求；对于客户来说，要通过倾听了解营销员和产品的有关情况，还要通过陈述来表达自己的需求和意见，甚至要表达自己遇到的难题和困惑等。对于营销员而言，陈述产品的卖点固然重要，但更为重要的则是倾听，通过倾听了解目标客户的情感需求，这样才能找到更切合客户情感需求的产品的情感卖点，更顺利地把产品销售出去。

不了解目标客户的情感需求，就会白费力气，生生地让别人抢了即将到手的生意。在很多比较成功的营销案例中，我们都可以看到认真倾听目标客户的情感诉求，并努力满足客户的情感需求的积极结果，也就是创造了更大的市场、赢得了更多的客户。

在某市多家婚礼庆典公司中，有一家生意特别好，不仅仅在于这家庆典公司的专业性强、服务周到，更重要的是，这家庆典公司无论何时都会用心倾听客户的情感诉求和心理期待。很多要举办婚礼的客户从宴会场地的布置、灯光效果的铺展装置、婚礼流程的精彩或创意的安排，到新娘婚纱、珠宝的配饰与妆容造型、宴肴菜品的选择等，都会提出自己的要求和期望，希望每一环节都浪漫、热闹、感人等，庆典公司会耐心听取客户的每一个期望和要求，然后帮助客户精心梳理每一个程序，细致入微地为其制定出完美的方案。在制定方案的过程中，他们还会不时地征求客户的意见，了解客户更深层次的情感需求，力求让婚礼不给客户留下一点儿遗憾，而为客户留下一个难忘的、美好的回忆，同时也让客户感受到优雅高尚的尊贵与礼遇。

可以说，耐心倾听目标客户的情感诉求，并尊重客户的这些情感需求，是这家婚庆公司成功的一个重要原因。

无论销售什么产品，要想目标客户最终成为自己产品的购买者，就必须要学会倾听，学会倾听目标客户的情感诉求。倾听可以了解客户的情感需求，而且倾听本身就体现了对客户某种情感需求的满足，比如，渴望得到营销员的尊重和支持。

谈到倾听，营销员就必须要掌握一些有效的倾听技巧。掌握并运用这些倾听技巧，就能有效地了解并满足客户的多种情感需求，更有利于销售工作的进行。以下倾听技巧是每一个营销员都应该掌握的。

1. 专心而耐心地倾听

营销员要充满耐心地倾听目标客户的讲话，要专心致志地听，避免因外界因素而转移自己的注意力。听时眼睛最好看着客户的面部，身体可稍微前倾，避免做各种小动作，比如，挠头、看表、摆弄小物品等，以表示对客户所说的话很感兴趣和对客户的尊重；不要轻易打断客户的谈话，打断客户的话语，意味着营销员对客户观点的轻视，或表明没有耐心听完客户的意见，只有需要澄清某个不明白的问题时，营销员才可以通过“抱歉，打断一下……”之类的开头语提出疑问。

2. 善用插入语

在倾听过程中，营销员要善于运用一些简单的插入语，比如，“是的”“非常好”“原来是这样啊”等词语，让客户知道他的讲话得到了营销员的专心倾听及重视，得到了营销员的认可。善于运用有效的插入语对客户的看法和观点给予及时的反馈，这样才能激励客户继续谈下去，也便于营销员了解更多客户的情感需求，把握更多的有效信息。

3. 听其词，会其意

倾听时，营销员不仅要听明白客户表面的语言信息，更重要的是要努力理解客户谈话的深层内涵。比如，客户说：“我现在还不想买这种产品。”客户这样说并不一定就是现在真的不想买，而可能是他对这个产品还缺乏足够的了解和信任，或者他还不了解这样的产品究竟能够给他带来什么便利或好处。所谓“听锣听声，听话听音”，就是告诉我们要善于通过客户表面的语言信息了解他真实的内心愿望。

4. 不要急于下结论

营销员不要匆忙地、主观臆断地下结论，尽量不要在客户结束谈话之前就下任何结论，只有完整地听完客户所讲的内容之后，才能得出比较客观、合乎实际的结论，了解客户真正的情感需求。因为，在购买过程中，有些目标客户的情绪情感往往是多变的，前一分钟还对这件产品频频点头，后一分钟可能就会对其百般挑剔；前一分钟还说喜欢这种样式的产品，后一分钟就说喜欢相反类型的产品。

5. 巧妙地提问

倾听过程中，营销员还要向客户及时地进行巧妙的提问，以把握客户谈话的方向，了解客户的真实需求。比如，客户谈着谈着产品，突然转换话题，大谈特谈孩子的教育问题了，此时，营销员可寻找客户说话停顿的当儿，礼貌地说："我觉得您很关心孩子的教育问题、很爱您的孩子，那您觉得您的孩子会喜欢什么样的产品？"

总之，对于目标客户，营销员要学会倾听，运用恰当的倾听技巧，更有效地在倾听中了解目标客户的情感需求，并尽力满足客户的这些情感需求。

潜在客户：没有了解就没有沟通

了解潜在客户，才能找到目标客户，营销员要通过一定的方式和途径尽可能多地了解潜在客户的各种信息，以此来把握与客户有效沟通的方向。

潜在客户是指有可能但现在尚未成为你的客户的人，换句话说，你打算把你的产品或者服务销售给谁，谁有可能购买你的产品，谁就是你的潜在客户，潜在客户可能会用得着或者需要这样的消费。

潜在客户区别于目标客户的特点，首先是我们不知道他是不是真的需要这种产品或这种产品是不是适合他；其次是我们不知道他对这件产品是否有支付能力。比如，A 要买房，B 陪伴 A 去看房、买房，我们说 A 是我们的目标客户，而 B 只能说是潜在客户（任何人都需要房子住）。因为我们不知道他是否需要买房，如果他想买房，但我们不知道他是否有支付能力，我们对 B 的这些情况都不了解，所以只能称他为潜在客户。

我们对潜在客户的很多信息都不了解，我们只是主观地假定他们是我们的客户，但并不是所有的潜在客户都需要我们的产品、都会买我们的产品，一定是具有某种特性的、具备某些条件的人才需要或者购买我们的产品。要想让潜在客户最终成为我们的客户，我们首先就要了解客户的有关信息，了解了这些信息，我们才能进一步围绕产品与客户进行有效的沟通。

要了解潜在客户的有关信息，首先我们要知道哪些人有可能会购买我们的产品，也就是说要了解哪些人是我们的潜在客户。具体到不同的产品，潜在客户群的范围也不一样。对有些产品，几乎所有的人都会是潜在客户，比如矿泉水；而对另一些产品，其潜在客户可能就主要是指某一类人，比如，化妆品主要的潜在客户是成年女性，当然男人或者儿童也可能会成为我们的潜在客户，因为他们或者会自己使用化妆品，或者会买下来作为礼物送给女人，等等。高明的营销员常常把几乎所有的人都看做是自己的潜在客户，把梳子卖给和尚、把鞋子卖给不穿鞋的居民的营销员就是如此；而很多缺乏经验的营销员则常常会认为这样的人不会买我们的产品，那样的人不会买我们的产品，这样就会堵塞自己的某些销售通道。所以，我们可以把主要精力放在主要的潜在客户上，同时也不排斥那些非主要的潜在客户，关键是我们以什么样的卖点、以什么样的方式激发不同客户的情感需求，并把产品卖给他们，也就是说要善于开发目标客户。

然后，我们还要了解通过哪些方式和途径可以找到我们的潜在客户。寻找潜在客户有很多方式和途径，比如，通过媒体广告、各种宣传推广活动吸引潜在客户，通过熟人和朋友介绍，通过老客户介绍等。

接下来，我们就要想办法了解潜在客户的更为详细的信息，这是进一步与客户进行有效沟通并最终销售出产品的前提和基础。

那么，我们要了解潜在客户的哪些详细信息呢？如何去了解呢？

1. 要了解潜在客户对该产品的购买欲望

判断潜在客户购买欲望的大小，以房屋销售为例，可通过以下几点去把握。

（1）了解客户对产品的关心程度，如是否很关心房屋的价格趋势、房屋的租赁政策等；

（2）了解客户是否符合购买某地房屋的各项要求，比如，小孩上学、大人上班是否方便，是否当前没有房屋或者没有自己满意的房屋等；

（3）对产品是否了解、信赖，对房屋的有关情况是否了解，对房屋的位置、周边环境等是否满意；

（4）对营销企业和营销员是否有良好的印象，客户对房地产公司和营销员印象的好坏也会影响潜在客户的购买欲望。

2. 要了解潜在客户的购买能力

了解客户的购买能力，可通过了解对方的职业、身份地位、年龄、家庭成员及职务等详细信息来大致判断其是否有购买能力。但是，直接询问对方是否有购买能力是绝对不允许的，这是很不礼貌的。

3. 了解客户其他信息

对于潜在客户，我们了解其信息越多越好，对其了解越多，就越容易找到与对方沟通的话题，越容易把握客户的情感需求。比如，了解客户的生日、兴趣爱好，了解客户的人际关系情况，了解客户的家庭成员以及各自的特点，了解客户曾经使用什么品牌的什么产品，了解客户的性格特点等。

对于客户以上各种信息的了解，可以通过与客户的语言交流来获得，可以通过观察来获得。比如，观察客户的打扮、所使用的物品等，也可以经过朋友等熟悉客户的人来了解。

此外，了解潜在客户的信息，最好还要知道什么样的人会成为购买的关键人物。所谓关键人物就是指对产品购买有决定权并能支付钱的人。比如，销售大型工厂用车床等机械设备，那么企业采购部的负责人以及企业领导就是关键人物；销售家庭日用品，一般而言家庭主妇是关键人物；销售房屋、汽车等大件商品，一家之主是关键人物。要成功地销售产品，就要多在关键人物身上下工夫，了解关键人物的有关信息。

了解潜在客户，才能找到目标客户，我们要通过一定的方式和途径尽可能多地了解潜在客户的以上各种信息，以此来把握与客户有效沟通的方向。

老客户：随时交流经验和情感

随时与老客户交流经验和情感，增进老客户对产品和营销员的信赖和忠诚度，这样就有可能使老客户成为长期甚至终身客户。

老客户极有可能会继续消费我们的产品。有些营销员喜欢不断地寻找新客户，这其实是成本很高的做法。因为，确保老客户可节省推销费用和时间，降低销售成本。

有研究指出，开发一个新客户的费用是保持现有客户的6倍；80%的销售业绩来自于20%的客户，而这20%的客户是长期合作的老客户，如果丧失了这20%的客户，将会丧失80%的市场。这是因为老客户有了使用产品的体验和感受，也经历了与企业、产品共同成长的岁月，因而对产品产生了感情，更愿意销售该种产品。

成功的营销员都注重维持与老客户的关系，随时与老客户交流经验和情感。乔·吉拉德就一直主张"成交之后才是销售的开始"，其实就是指维持与老客户的关系，随时与老客户交流经验和情感，吸引他们继续消费。

乔·吉拉德在每次生意成交后做的第一件事是找来档案卡片，将与买主有关的一切情况及他买的车的细节都详细记录下来。同时，他当天会给这位顾客寄出一封特别的致谢信，他在致谢信中告诉顾客能把顾客想要的车卖给他，他感到十分高兴。这封信还会提醒顾客，如果顾客介绍任何一个人来买他的车，即会付给这位顾客25美元。

乔·吉拉德认为维修问题和顾客的其他抱怨是一切生意的正常内

容，不论是卖什么的。如果顾客带来一辆出现严重故障的新车，恰巧这车是乔·吉拉德卖掉的，维修部的人就会通知乔·吉拉德。然后乔·吉拉德会出来安慰这位顾客，告诉顾客他将确保彻底维修，并确保顾客对汽车的各个方面都十分满意。如果顾客的车维修完成之后仍有严重的问题，乔·吉拉德就会站在顾客的一边并确保汽车得到适当的维修，还将代表顾客与机械工、经销商及汽车厂据理力争。要是顾客从乔·吉拉德手中买了一辆次品车，发现后回来找他，乔·吉拉德就会采取一切必要的措施帮助顾客换成正品，甚至自己掏钱做一笔投资，比如，给顾客提供大部分汽车经销店即使对新车也不提供的免费的四轮定位服务等。

在新车售出后，乔·吉拉德会不定期地打电话询问顾客对使用产品的感受如何，有没有什么意见和要求等。

其实，乔·吉拉德所做的这些都是为了与老客户交流使用产品的经验和情感，并通过这些手段进一步了解老客户的情感需求，加深客户对产品的感情，也加深顾客与乔·吉拉德的感情。

为了留住老客户，随时与老客户交流经验和感情，可通过以下途径来实现。

1. 打电话

在客户购买产品后，定期打电话给客户，了解产品使用情况，了解客户对产品有什么疑问或新的要求以及建议等。比如，售出产品当天晚上可打电话询问客户对产品使用有没有什么疑问，隔几天再打电话询问客户使用产品有什么感受或体验等。

2. 拜访

营销员可寻找机会到客户家去拜访，并交流产品使用经验、交流情感。比如，当客户生病的时候、客户的孩子过生日时，可带上水果、鲜花等去拜访。

3. 售后服务时交流经验和情感

产品的售后服务是必不可少的环节，在为客户提供售后服务的过程中，要随时了解客户使用产品有什么问题和体验，及时解除客户心中的疑惑。

4. 公司举办活动时交流经验情感

比如，当公司有了新产品、新产品宣传活动、公司进行周年庆典等活动时，与老客户交流，对老客户对该产品的忠诚进行表扬，或在精神和物质上对老客户进行感谢等。

另外，在其他情况下，比如，在外偶遇老客户或者与了解老客户的第三者谈起该客户时，营销员也可适当地表达对老客户使用产品的感谢，提出老客户有疑问、有困难时找自己的要求等。

以上这些方式和途径都可以帮助营销员有效地与老客户交流经验和情感，增进老客户对产品和营销员的信赖和忠诚度，从而更有可能使老客户成为长期甚至终身客户。

推心置腹，给客户足够的“安全感”

一旦客户对营销员、对产品有了不安全感，那他绝对不会去购买你的产品，更不会继续消费你的产品。

购买产品时，客户首先会渴望有一种安全感——对营销员的安全感、对产品的安全感，这其实是人基本的情感需求。如果营销员不诚实，把次品或者不合格品销售给客户，或给客户提供虚假的信息和承诺，如果产品本身是有问题的甚至是有危险的，那么，客户就很容易产生不安全感。

一旦客户对营销员、对产品有了不安全感，那他绝对不会去购买你的产品，更不会继续消费你的产品。聪明的营销员会设法给客户足够的安全感，这样才能保持自己良好的信誉，赢得客户的心，因为他明白客户购买产品图的首先是用着放心、踏实。

客户对产品或营销员为什么会缺乏安全感，主要的原因是信息不对称，客户不了解营销员的真实情况，不了解产品的真实情况，而这主要是由以下几个方面引起的。

1. 卖方掩饰产品问题的真相

比如，一汽丰田因为拒绝召回漏油锐志车而遭到网友齐声指责，最终，一汽丰田不得不发了3次公开信来解释此事。这种现象是因为一汽丰田明知锐志漏油，却隐瞒事实，他们担心公开召回会影响企业和产品形象，但是，这种“掩耳盗铃”的做法，却让客户对锐志车、对企业都失去了安全感，将企业的诚信置于危险的边缘。

2. 夸张产品的功能与效用

比如，广告对产品的虚假宣传、营销员对产品或服务的功能与效用夸张不实的宣传等。

3. 售后服务不到位

很多营销员在售出产品后常常就不再关心它的使用情况，只有等到客户在使用中出了问题时，有关人员才想对策。

客户对企业、对营销员、对产品失去安全感，他就不再信任企业、营销员和产品，也绝不会成为该产品持续消费的客户。

1860年，林肯作为美国共和党候选人参加了总统竞选，他的竞争对手是大富翁道格拉斯。为了拉选票，道格拉斯租用了一辆豪华的列车，车后安放了一尊大炮，每到一站，就鸣炮30响，加上乐队奏乐，声势浩大，这种场面吸引了大批国民前来听道格拉斯作竞选演说。他还用金钱贿赂各地区的头头们，以赢得更多的选票。道格拉斯得意扬扬地说：“我要让林肯这个乡巴佬闻闻我的贵族气味。一个穷得叮当响的乡巴佬有什么资本参加总统竞选啊！”

林肯面对这种境况，一点也不惧怕，他照样买票乘车，每到一站，就登上朋友们为他准备的耕田用的马拉车，发表诸如下文这样的竞选演说：

“有人写信问我有多少财产。我有一个妻子和三个儿子，他们都是无价之宝。此外，还租有一个办公室，室内有办公桌一张，椅子三把，墙角还有一个大书架，架上的书值得每个人一读。我本人既穷又瘦，脸蛋很长，不会发福，我实在没有什么可以依靠的，唯一可依靠的就是你们。”

道格拉斯满以为自己胜券在握，但选举结果却大大出乎他的意料，竟然是一穷二白的林肯获胜，当选为美国总统。

可以说，林肯是一位伟大的推销员，他成功地将自己推销给了广大国民。林肯的成功除了他的能力得到国民的认可之外，更为重要的是，他推心置腹的竞选演说给了国民踏实、安全感，让国民看到了他的人格力量。林肯的话很朴实，没有华丽的辞藻，没有空洞的豪言壮语和对国民的许诺，但它至少可以说明这么几点：他很穷，说明他不是贪财的人，不会搜刮百姓的钱粮；他不是用钱财而是用真心和人格赢得了民心；他当总统不是为了自己的利益，而是为了全体国民的利益；他读有价值的书，他的思想也是有价值的，对每一个人也都是有益的；他把家人看做无价之宝，说明他是关注人心、人性的人，当然也会关注国民的人心、人性；他说可以依靠的是国民，说明他信任国民有能力协助他管理好各项国家事务。简而言之，林肯这些实实在在的话让国民相信他不会害他们，反而会为他们谋取更大的利益，老百姓当然欢迎为自己着想的总统。

林肯的经验也可运用在营销工作中，如何让客户能够接受你、接受你的产品，不妨学习一下林肯的做法，努力让客户感受到你的坦诚和可靠，增强客户的安全感。

要给客户足够的安全感，就要真诚地对待客户，语言表达、产品说明书、宣传品以及广告的情感传递都要尽可能地实事求是，不要夸大对自己、对产品的宣传，实事求是地将自己展示给客户，将产品介绍给客户；产品出了问题绝不要隐瞒，而是要坦诚地承认错误，并积极采取措施弥补客户的损失；一旦客户购买了产品，就要把客户当做知心朋友，帮助客户解决使用产品中的各种问题，如果问题不能解决，也要把事情真相告知客户，以求得客户的谅解。

如何把价格不让步做得更有情感

对客户提出的降价要求不让步，营销员要从满足客户的情感需求入手，合理更合情地为客户分析“为什么这么贵”。

每个人都希望自己能获得更大的利益，所以营销员总希望价格更高一些，而客户则总希望价格更低一些。于是，买方和卖方讨价还价就成了营销过程中不可避免的现象，希望商品降价或打折销售成了客户普遍的要求。对于大多数客户来说，因为他们不了解产品的实际成本，所以他们总希望价格尽可能地降低。但是，如果价格降得太低，就会影响营销员自己的切身利益。如何做到在双赢的基础上，对客户提出的降价销售等问题坚持不让步就成了营销员重要的一课。

客户提出“价格太高了”往往是其主观上的感觉，那主要是因为他还不能清楚地看到商品的价值，不能清楚地知道商品究竟能够给他带来多大的利益，他只是凭自己的经验主观判断商品的实际价值。此时，如果营销员坚持不降价时只是简单地拒绝甚至讽刺客户说：“不能再便宜了，否则我们就没有饭吃了。”“你真是不识货，这么好的东西你竟然想以这么低的价格来买，你太天真了吧。”这样的结果往往会适得其反，有时会让客户很反感甚至很愤怒，买卖自然就告吹了。

那么，怎样坚持不降价才会更容易让客户接受呢？最为重要的就是要让客户意识到他的付出是值得的，让客户知道虽然他投入了很多的钱，但他得到了更多的利益和价值，还要在不降价的坚持中考虑客户的感情，力求把价格不让步做得更有感情。具体如何去做，下面的案例可供参考。

“销售女神”徐鹤宁在销售陈安之的培训课程的过程中，有客户跟她说：“鹤宁老师，陈安之老师的课程太贵了，能不能降一点？”

徐鹤宁是怎样应对客户这个问题的呢？

她对客户说："太好了！什么叫太贵了？有没有听说过'好贵'？越好的它就越贵。最好的一定是最贵的，您同意吗？同时最贵的它一定是最便宜的，为什么呢？因为它让你第一次就做对了，最贵的课程让你第一次就学到了最先进、最有价值的知识，你就不至于这里学一个很便宜的课程，那里学一个很便宜的课程，上了很多非常便宜的课程。站在台上的老师他不是世界级，他没有办法教你成为世界级；他不是第一名，他没有办法教你快速成为第一名；他没有很年轻就成功，他没有教你快速成功的方法。所以，虽然你学了一大堆很便宜的课程，但是你最终花了很多时间浪费了自己的青春，也没有学到自己想要的和最好的东西。每一笔小小的花费加起来同样是非常贵的，你说是不是？有效的东西一个就够了，没效的东西再多也没有用，是不是？"

徐鹤宁然后问客户说："你现在一个月收入多少钱？"

客户说："我现在收入一两千。"

徐鹤宁说："为什么你觉得这个课程贵，因为你收入太少；为什么收入少？因为你没有更好的赚钱的方法。如果你还用原来的方法去赚钱，带来的结果还是会得到现在的结果，你说是吗？那么，5 年、10 年、20 年之后，3500 元对你来说还是个问题，是吗？如果今天不是陈老师让你交 3500 元、4500 元学习，而是医生让你交 3500 元救你自己的命，你能不能拿得出来？"

客户说："能，我借都要借到。"

徐鹤宁说："现在每一个人都在活着，但是为什么不是每一个人都很成功呢？我知道，对于你这么渴望成功的人来说，成功就像生命一样重要，当生命和成功画为等号的时候，你永远都不会有借口，你说是吗？当你养成永远没有借口，永不放弃任何一个令你成功、发财、致富的机会的时候，那么你永远都会成功，这个没有借口的好习惯就会给你创造更多的财富，你同意吗？好习惯从现在养成好吗？所以你是现在报名还是立刻报名呢？"

客户说："立刻报。"

徐鹤宁不愧为说服高手，她每一句说服客户的话都是合理的，更是合情的，既让客户觉得很有道理，又让客户在情感上能够坦然地接受。她通过给客户分析“最贵的也一定是最便宜的”，让客户相信自己买到了最好的课程，能够利用更少的时间学到最有价值的知识技能，让客户相信他的投资是聪明的；她利用了客户渴望成功、希望赚更多钱的强烈愿望，帮助他坚定要成功的决心，帮助他养成立即行动、不找借口的习惯（相信这也是客户希望具有的好习惯），这让客户觉得她是在真心实意地要帮助他成功。正因为徐鹤宁的说服让客户得到了很大的情感满足，最后成交也就水到渠成了。

因此，对客户提出的降价要求不让步，营销员要从满足客户的情感需求入手，合理更合情地为客户分析“为什么这么贵”，让客户觉得你是在为他着想，让他觉得自己花了同样的钱却得到了更大的利益和情感满足。

在沟通中，和客户情绪同步

在与客户的沟通中，要学会察言观色，了解客户的情绪状态和情绪特点，设身处地地体验和分享客户的情绪，将自己的情绪调整到与客户一致。

人的情绪是不断变化的，在销售过程中，每个客户的情绪也是千差万别的。营销员与客户的情绪是否协调会影响客户的消费情绪，从而间接影响销售的进程。比如，如果客户兴高采烈，而营销员却无精打采，那么客户就容易觉得压抑；如果客户很烦躁，营销员却因为高兴而盲目地开玩笑，就会让客户很反感。

每个人的情绪都希望能够得到周围人的认同，也就是让别人理解他为什么当时会有这种情绪，相信他有这种情绪是有理由的，不论是消极的情绪还是积极的情绪。如果营销员在与客户的语言和非语言沟通中，与客户的情绪尽量保持一致、保持同步，那么客户就会有一种自己的情绪得到别人认同的情感满足。

一个星期天，一对老夫妇抱着一个特大号的毛绒米老鼠（卡通毛绒玩具）走进了一家餐厅用餐。餐厅服务员以为他们这是为孙子或孙女买的礼物，就微笑着走向前，热情地与他们打招呼说："这是带给小孩儿的礼物吗？"

听到服务员的询问，老妇人却略显伤感，过了一会儿，她答道："不瞒你说，今年年初我们的小孙子因为交通事故死去了。去年的今天，我们带着小孙子到附近的迪士尼乐园玩儿过一次，也买过这样一个特大号的毛绒米老鼠，我们也在这里吃过饭。现在小孙子没了，可去年到这里玩儿时小孙子高兴的样子我怎么也忘不了。所以今天我们又来了，也买了这么一个特大号的毛绒米老鼠。抱着它就好像和小孙子在一起似的。"

听老妇人这么一说，服务员收敛了笑容，她赶忙在两位老人中间加了一把椅子，把老妇人抱着的毛绒米老鼠放在了椅子上。在夫妇俩点完菜以后，服务员心想，他们一定在回想着和小孙子一起用餐的情景。于是，服务员又在毛绒米老鼠的前面也摆放了一份刀叉、一个盘子、一杯水，然后默默地退到一边，让老两口安静地用餐。看到这样，两位老人很感动，感激服务员的善解人意。他们满意地用过餐，临走时一再对服务员说："谢谢，谢谢！今天我们过得很有意义，明年的今天我们一定再来。"

在这个案例中，了解老人的举动后，服务员没有说一句安慰的话，但她用行动与老人进行了情感沟通，用行动认同了老人的情绪情感，也就是与老人保持了情绪同步，从而让老人感受到了她的亲和力。

与客户保持情绪同步，就是要进入客户的内心世界，体验对方的内心感受，理解并接受对方的情绪情感，并从语言、行为等方面体现出来。如果与客户的情绪不同步，就容易导致交易的失败。比如，很多人都认为，营销员要每天都很有活力，很有自信心，笑容要常挂在脸上，但营销员的这些表现和做法有时却不奏效，这就是因为有些客户并不是也如此兴奋、有活力的人，营销员没有与这样的客户保持情绪同步。

要做到与客户情绪保持同步，首先要了解客户的情绪特点和言行方式，尽量与其性格表现和言行方式保持大体一致。比如，如果客户比较严肃、循规蹈矩、不苟言笑，营销员就尽量不要有过于夸张的表情、谈笑和举动；如果客户比较随和，喜欢开玩笑，营销员则可以表现得活泼些、开朗些。

其次要与客户保持情绪同步，还有非常重要的一点，就是要做到：了解客户情绪的原因，并设身处地地站在他的立场上来思考、分析和感受，分享他的感受。

有一位啤酒公司营销部的经理张总，有一次，他们公司进口了一种新品牌的啤酒。在扩大市场的过程中，张总知道了一个开了10家连锁饭店的潜在大客户，就想争取到这个大客户。但张总去拜访了这个老板许多次，每次都失败了，对方不是态度冷淡，就是敷衍了事。

有一次，张总再度尝试去拜访这位老板，当他走进老板的办公室后，还未来得及说话，老板就生气地拍着桌子对他说："你怎么又来了，我不是说过我最近很忙，没有空吗？你怎么那么烦人，你赶快走吧，我没时间理你……"

张总没有退却，他对老板说："老板，我每次来，都发现你情绪不好，你到底为了什么事情烦心？我们坐下来谈谈可以吗？"

见张总很真诚，老板马上不说话了。张总又很和气地说："老板，怎么回事呢？我来拜访你有四五次了，每次都看到你的情绪不是很好，你是不是有什么烦心事？我们一起聊聊吧。"

这时，老板用稍微缓和的语气说："张先生，我最近实在是烦死了。为什么呢？你知道我从事连锁餐饮行业，我好不容易花了很多时间培养了3个分店经理，因为我计划下半年再开3家分店。现在一切工作都准备就绪了，但前不久我新培养的3个分店经理却都让我的竞争对手以高薪给抢走了。"张总听了后拍拍他的肩说："哎呀，老板啊，我们是同病相怜啊。我也和你一样，我们最近不是有新产品要上市吗？前几个月我好不容易招来十几个新的推销员。每天我早出晚归，不停地加班培养他们，想把我们的市场打开。结果才一个多月的时间，十几个推销员走了一多半。”

接下来，张总就和老板聊起了现在的员工是多么难培养，人才是多么难找……老板像是找到了知己，两人谈得越来越多、越来越深入。最后，张总站起来说：“老板，既然我们俩对于人事问题都比较头痛，咱们干脆也先别谈什么啤酒的事了。正好我车上带了一箱新啤酒，我们来喝一次，你先免费品尝一下我们的啤酒，等过一段时间，我们两人都解决了人事问题后，我再来拜访你。”

两人又边喝酒边交谈了一会儿，就握手互道再见了。最终，这位老板成了张总的客户。

这位张总没有花费大量的时间推销他的产品，而是同这个老板聊起了让他们俩都烦恼的人事问题。这个过程就是与客户分享感受、保持与客户情绪同步的过程，经历这样的过程，两人就很容易建立起融洽的关系，交易成功就自然而然了。

总之，在与客户的沟通中，营销员要学会察言观色，了解客户的情绪状态、情绪特点，学会设身处地体验和分享客户的情绪，将自己的情绪调整到与客户一致，交易就会更容易成功。

“yes”在沟通中的妙用

认同可以让客户得到被接纳和被欣赏的满足，使其对营销员产生亲近感和信赖感，从而更愿意接受营销员的观点。

在与客户的交流沟通中，“yes”这个词具有很大的魅力，对客户说

"yes"就是认同客户的观点和看法。时常对客户说"yes"能够给予客户极大的情感满足，使他更容易认同营销员和产品，从而更有可能买下产品。

在营销中，认同可以让客户得到被接纳和被欣赏的满足，使其对营销员产生亲近感和信赖感，从而更愿意接受营销员的观点。在下面这个营销案例中，销售员一次次地向客户表达"yes"，这种不断认同的结果，使客户对对方哪怕与自己相反的观点也比较容易接受。

一位客户正百般挑剔某位销售员销售的产品。

客户：你们的产品价格太高了！

销售员：（点头、微笑）是的，一看就知道您是经常使用高品质产品的人，高品质的产品价格都比较高（赞美也会使客户得到认同）。

客户：你们的产品包装很难看！

销售员：（点头、微笑）是的，您说的对！我们产品的包装是朴素了点。同时包装的精美会增加购买的成本，对您来说产品质量才是最重要的，您说是吗？

客户：你们的产品怎么看起来像假货！

销售员：（点头、微笑）是的！一看您就是喜欢爱开玩笑的人！

当客户提出对产品的不满之处时（有时也许是"鸡蛋里挑骨头"），销售员的第一反应就是微笑，接着用"yes"认同对方的感受和看法，最后说出自己的看法。虽然销售员最后都提出了与客户相反的观点和看法，客户却不容易拒绝销售员的意见，这就是"yes"或者说认同在其中发挥了重要的作用。

营销中的交流沟通不是辩护，不是据理力争地向客户证明自己产品的好，不是向客户证明自己的正确，而是先认同客户，进而获得客户对自己和产品的认同。

认同不等于赞同，赞同是同意对方的看法和观点，而认同则是认可对方的感受，理解对方的想法，但并不一定是同意对方的看法和观点。就好比是我们承认一个人意识到自己做错事后会难过，但这并不说明我们支持他可以继续做错事。

在营销过程中，很多客户会本能地对营销员说不，挑剔产品的种种毛病，提出种种不认同营销员的观点和看法，客户这样做的目的其实更主要的是希望能够通过某种方式（如降价）来以更低的价格获取产品更大的价值。

有些缺乏经验的营销员在面对客户提出的种种反对意见时，往往会下意识地拒绝客户的观点，针锋相对地说出与客户相反的意见。比如，如果客户说："你们的产品太贵了。"营销员就会说："我们的产品比其他家商店都便宜，不信你可以去问问。"如果客户说："这件衣服样式不好看。"营销员就会说："这种样式的衣服你穿上会很好看的。"营销员的做法其实就是与客户在顶撞，而这很容易让客户反感，甚至引起双方的冲突和彼此抗拒，销售也自然难以顺利进行下去。

即使客户对我们说"no"，我们也不要急于反对他，而是先要说"yes"，先认同对方的观点，然后再提出自己的观点。认同会让客户的情感有一个缓冲阶段，避免他接受与自己相反的意见时心里不舒服，而不是驱使他设立心理防线来保护自己。同时，认同客户才有机会肯定自己，而且这种肯定更容易让客户接受。在销售过程中，无论客户提出多么尖锐的问题与责难，使用认同的技巧应对，就会让客户降低抵触的情绪，使自己很自然地表达出自己的意见，并会起到意想不到的效果。

比如，客户说："你们的产品看起来很好，但不知道用起来是不是很安全，质量是不是可靠，我还是不太放心你们的产品。"如果营销员直接给客户打包票说："我们的产品绝对安全，这一点请你放心。"也许客户仍然会不放心，因为他宁愿相信销售员大都是"老王卖瓜，自卖自夸"，因而营销员这样的保证对客户没有足够的说服力。

但是，如果营销员不是急于做保证，而是先认同、肯定客户担忧产品质量这样的感受，然后再指出产品质量可靠的观点，客户就很容易接受了。比如营销员可以这样说："我能理解你担忧的心情，其实，假如我是顾客的话，面对这样一个不怎么了解的产品，我也很不放心它的质量，担心它是不是安全可靠。同时，在刚开始销售这种产品的时候，我也有时会担心它的质量是否可靠，因为如果顾客使用我们的产品出了问题，那我们就会背负骂名，我们可不想给顾客留下坏名声……我可以向你保证的是，经过我们行业内的专家测试，以及无数顾客的使用证明，我们产品的质量是非常可靠的。”

怎么样？相信这样的话会更容易让客户放心，从而继续接受营销员的购买建议。

使用“yes”表达对客户感受的认同，有不同的语言表达形式，比如“你说得很有道理”“我理解你的心情”“感谢你的建议”“你这个问题问得很好”，等等。在使用以上这样的语言表达出对客户的认同之后，营销员就可以巧妙地表达出自己的意见，引导客户不断接纳产品。

需要指出的是，在认同客户之后、表达自己的意见之前，不要使用“但是”“可是”这样的词语，而要使用“同时”这个词，因为两者给客户的感受是不一样的。“但是”“可是”等这样硬性的转折词给人的感觉是明显地否定前面所说的内容，而“同时”则不会给人这么强烈的感觉。比如“我很尊重你的观点，但是，我认为……”与“我很尊重你的观点，同时，我认为……”，前者给客户的感觉是强烈地否定他的意见，而后者则没有这么强烈的否定的感觉，因此更易让客户接受“同时”后面的部分。

总而言之，在与客户的沟通中，适时地使用“yes”来认同客户，这样就会减弱客户的防卫和抗拒的情绪，为进一步的沟通交流铺平道路，使销售顺利进行下去。这是一种非常有效的营销技巧，营销员要学会正确地使用它。

处理异议更要有情

只要在处理异议时心中有情，能够将异议与客户的切身利益和情感需求结合起来，就能顺利地化解异议。

在营销过程中，客户对产品提出异议是非常普遍的现象，比如，抱怨产品太贵，抱怨产品外形不好看，抱怨产品不好用等，这常常让某些营销员很郁闷。但客户提出异议却往往是一个契机，一个生意成交的契机。中国有句老话说“嫌货才是买货人”，对产品挑剔的客户往往是有望购买该产品的客户。

异议就是指客户提出与营销员不一致的意见，一般可分为“疑虑”“误解”“缺点”等。异议是销售过程中的障碍，必须予以巧妙地处理。

要处理好异议，营销员首先要了解：客户为什么会对产品提出异议、会挑剔产品？一般说来，客户提出异议的一个前提是他需要该种产品，只有当客户关心并希望获得你的产品，而又拿不定主意是买还是不买时，才会提出异议。如果客户不需要这种产品，那么，他一般就不会在产品上浪费时间和精力。客户提出异议代表他对产品、服务有更高的要求，或代表这种产品没有满足客户的某些情感需求，或代表他可能想通过挑剔来取得弹性价格，或代表他不喜欢卖产品的这个人。

这个时候，我们就要对客户的情绪进行分析：客户提出异议到底是想满足他的什么愿望呢？也许我们暂时还不能想清楚客户到底想满足什么愿望，但可以肯定的一点是，客户提出异议一定是产品在当时还不能完全满足他的需求，这种结果可能是因为客户对产品不了解或者营销员的解说不当所导致的，而不是产品本身的原因。

明确了这一点，我们就要从满足客户的情感需求入手，在处理异议的过程中要充满感情，这样才会取得更好的工作效果，有效消除客户的异议。

那么，到底该如何处理异议，处理异议时要注意哪些问题，才更容易让客户接受呢？下面是几点建议。

1. 处理异议时态度要诚恳

客户提出异议说明他对产品或对营销员还没有完全认同，是在否定产品或营销员。如果此时营销员心情急躁地只想为自己考虑、为自己辩解，或者极力掩饰问题，就容易引发客户的反感，使他的异议更大。所以，营销员要端正自己的态度，要意识到客户提出异议是正常的，并态度诚恳地为客户解释清楚异议，帮助他消除异议，要通过语言和表情动作等让客户感觉到“你明白并尊重他的异议”。

有时候，客户提出的异议的确是实情，很难反驳。这时最好的办法就是点头承认异议，不要去争论，不要浪费时间去说服对方认错，更不要极力掩饰问题的存在——尤其是客户的理由十分充分的时候。如果客户提出的这种异议对产品功能方面的使用并没有太大的影响，那么，营销员这种诚恳的态度就会让客户忽略产品的不足，将焦点更多地集中在产品的其他方面。

2. 用产品的其他利益对客户进行补偿

一种产品由多方面的要素构成，可以从多个方面满足客户的情感需求。客户若是在产品某个方面提出异议，营销员不妨对客户强调产品其他优点，用产品的其他利益来对客户进行补偿，这样，就不会让客户感觉在情感上有太多的不满足。比如，如果在价格上不能让步，则可以在售后服务上给予客户更多的优惠，以此来消除客户在价格要素上的异议，满足他“以较少的钱获得更多的价值”的情感需求。再比如，客户指出，车的价格不贵，但最快只能跑160千米，太慢了。营销员可以这样回答说：“是的，时速160千米确实不算高，但这种车设计时更多考虑的是其经济性，非常省油，我想您也不愿意将钱浪费在您很少用到的高速上吧。”

3. 听听客户的意见和理由

客户提出异议总有他自己的理由。当客户提出异议时，不妨听听客户的反对理由，听听客户自己的意见，比如，你可以说：“先生，我对您这个想法很感兴趣，您为什么会这么认为呢？可否请您进一步解释一下？”倾听客户的意见和理由，会给他一种受尊重的感觉，就像一位哲学家所说：“许多人宁愿你静听他们的意见，而不要你回答他们的问题。”

4. 根据异议激发客户的情感需求，把异议当成购买的信号

有经验的营销员常常能根据客户的异议把握其深层的情感需求，并把客户的异议解释为肯定的购买信号，结果就能很好地处理异议，使成交更为顺利。比如，当客户说“我要回家考虑考虑”或“我要跟家人商量商量”时，有经验的营销员就推测客户还没有足够的理由来作购买的决定，将这种异议解释为“请你给我更充足的理由，让我能够非常确定为什么应该买你的产品，而不需要让我回去和家人商量或再考虑”。当客户提出“我现在不需要这种产品”，有经验的营销员会推测这是客户还不清楚产品能够给他带来什么利益，或者这个产品还没有很好地契合客户的需求，因此营销员会进一步突出产品的卖点，激发客户的情感需求，并让产品的卖点和客户的情感需求更好地结合起来，甚至把异议当成一个卖点。如下面的案例。

客户说：“我不需要参加演讲训练，因为我很少有机会上台演讲。”销售员说：“这正是您应该参加演讲训练的好理由。您很少有机会上台演讲，这其中一个原因是因为您需要加强当众讲话的能力，相信您在生活中也会遇到许多需要您当众讲话的场合。当您参加过这个训练课程以后，您就会成为出色的演说家，就会有很多机会上台演讲了，您自己也会更加自信、更受周围人的欢迎。”

可见，只要在处理异议时心中有情，能够将异议与客户的切身利益和情感需求结合起来，就能顺利地化解异议，推动销售进程。

第六章

优秀的营销是一种情感深化系统

——不仅要客户满意，更要他忠诚

对于营销员来说，最成功的销售结果莫过于客户能够重复购买你的产品，而不是只做了一次你的客户就转向别处去购买同类产品。客户能够持续性地消费你的产品，这表明客户信任并忠诚于你和你的产品，这种信誉的建立会帮助你扩大市场，极大地促进你的销售。因此，要有成功的营销，就要让客户对你和你的产品的情感逐渐深化，不仅要他满意，更要让他忠诚。

把一次购买结束当成下次购买的开始

力求让客户每一次购买结束成为下一次购买的开始，让客户能够持续购买，实现销售的倍增效应。

对于已经购买了自己产品的客户，出色的营销员一定会想方设法让他重复购买，扩大再销售。这样就可以节约很多向客户推销产品的时间、精力、钱财等，大大降低营销成本。重复购买的客户甚至还会主动给营销员介绍新客户，使销售产生倍增效应，进入一种良性循环的状态。

乔·吉拉德之所以能够成为世界上最伟大的推销员，屡破世界销售纪录，有一个很重要的原因，就是他始终把客户的一次购买结束当成下一次购买的开始，用他自己的话说就是“成交之后再成交”。乔·吉拉德把对客户的投资看做是一种长期投资，他不会只向某个客户卖一辆车，然后在客户对该车不满意时将他弃之不管。乔·吉拉德希望买了车子的客户再次想买车的时候都来找他，他还想卖车给这个客户的朋友和亲戚，还想在这个客户的孩子长大之后卖车给这些孩子们。因此，乔·吉拉德总是很努力地让客户喜欢在他这里买车的经历，让客户记住这一经历，让客户信任并忠诚于他，他把每一位客户都看做自己一辈子都可享受的保险投资。

乔·吉拉德认为，客户能重复买他的车是因为他们受够了欺骗，受够了伤害，而在乔·吉拉德这里却没有受骗的经历。有些销售员会以高价骗客户买车，可当客户需要维修、服务时却逃之夭夭，客户最初也许很容易上当，但只要营销员给客户一次冷遇，客户就知道自己被骗了、被蒙了、被坑了。为了防止被骗、被坑，客户都希望从自己信得过的营销员那里买车，而乔·吉拉德始终如一地做到了不让客户有受骗上当的感觉，所以客户总是喜欢到他这里来买车。乔·吉拉德绝不会欺骗他的客户，当客户因故急于买车、不愿意多询价几家而想马上成交时，乔·吉拉德也不会趁机抬高价格，不会因客户急于购买而欺骗他。

因为乔·吉拉德总是站在客户一方替客户着想，因此，很多客户都愿意把他当做可靠的朋友，非常信任他，下次再买车的时候还想到他这里来买，且非常乐意向许多人讲他的好话，介绍别人到他这里来买车。

因此，为了尽可能地扩大自己的销售业绩，营销员要努力做到把一次购买结束当成下一次购买的开始，使得客户能够重复购买自己的产品。那么，具体来说，究竟该怎样做呢？

1. 让购买留给客户美好的感觉

客户能够重复购买某个营销员的产品，一定是在他购买的过程中某种东西俘获了他的心，或者是优质的产品本身，或者是营销员的真诚和友好，或者是与营销员愉快的交谈，或者是让客户感动的服务态度，等等。因此，营销员要从接触客户开始的整个销售过程中，都要努力给他留下美好的感觉，使他渴望继续体验这种美好的感觉。

2. 售出之后更要用心

如果客户不仅购买过程没有任何顾虑，而且使用产品的过程中也没有任何顾虑，那么他以后就会继续购买同一个营销员的产品。所以，营销员不要把成交当成销售的结束，对客户使用产品不闻不问，直到客户使用产品出现问题主动找来的时候才去想办法，这样会让自己很被动；营销员要在售出后主动联系客户，更用心地为客户提供优质的服务，让客户在使用产品的过程中也逐渐积累美好的感觉。

3. 使用积分或会员制促使客户重复购买

使用积分、会员制或承诺再次购买优惠，是留住客户的一种有效方法。客户重复消费会给营销员持续带来利润，如果营销员以此回报客户，让客户在每次重复购买中也能获得一定的回报，就会赢得更多回头客。

总之，要让客户每次购买结束成为他下一次购买的开始，营销员就要努力站在客户的角度想问题，力求给予客户最高品质的服务，这样才能赢得更多回头客，实现销售的倍增效果。

怎样让客户偏爱你和你的产品

客户一旦对某种产品产生了偏爱，就会成为该产品忠诚的购买者而重复消费，且在购买时没有成本的顾虑。

当客户使用某种产品时会产生某些特殊的情感，如果这些特殊的情感是很美好的感觉，那么客户就会越来越偏爱这种产品，而他一旦对这种产品产生了偏爱，就会成为该产品忠诚的购买者而重复消费。而且，客户对于自己偏爱的产品往往没有成本的顾虑，也就是说他购买自己偏爱的产品常常不在乎价格的昂贵、程序的烦琐、付出努力的辛苦等。

同样，对于自己偏爱的营销员，客户也更喜欢持续地与其发生买卖关系。因此，营销员要努力做到让客户偏爱你和你的产品，使其成为你的忠诚客户。那么，如何才能让客户偏爱你和你的产品呢？

1. 让客户觉得你是可靠的

很多营销员在做销售时，常常过于商业化，只关注自己产品的销售情况，只关注自己的销售业绩，这容易让客户感觉营销员只会考虑他自己的利益，因此难以信任营销员。要想让客户忠诚于自己和自己的产品，营销员就首先要忠诚于客户，要真诚地关心客户，真诚地为客户着想。乔·吉拉德之所以能够取得成功，就是因为他总是真心实意地为客户着想，从不为了满足自己的利益而去损害客户的利益，这让客户都觉得乔·吉拉德是一位可靠的朋友或家人。因此，营销员要努力跟老客户成为好朋友，形成稳定而持久的“客户＋朋友”的关系，通过实际行动来感动客户，让客户觉得你是可靠的。

2. 给客户提供超值服务

在为客户提供了必要的符合客户需求的、让客户满意的产品和服务之后，还要尽可能地为客户提供超值服务。超值服务也许是营销员分外的事情，但却往往是客户感觉最有价值、感觉受尊重甚至物超所值之所在。为客户提供超值服务，就不仅要做好售前、售中、售后服务，还要提供顾问式的服务甚至额外的服务，比如，要做顾问式销售，不仅把产品卖给客户，还要做客户使用产品的高参，帮助客户解决在使用产品过程中的各种问题和困惑。

3. 做一个让客户喜欢的人

很多时候，客户购买某个营销员的产品往往是因为喜欢他这个人，所以，要想让客户能重复购买自己的产品，营销员就要努力去做客户喜欢的人。要让客户喜欢自己，首先，就要做个好人，用心培养自己真诚善良、热情开朗等各种优良的性格品质；其次，要保持良好的心态，做一个积极、乐观、懂得感恩、执著而勤奋的营销员，带给客户向上的、快乐的因子；再次，还要努力让自己成为行业里的专家，通过广泛学习不断提高自己的专业度，为客户提供最专业的服务，这样客户才会信服于自己。

4. 每一个细节都要做到客户心坎上

细节决定成败，作为营销员，要把每一个细节的工作都做到客户的心坎上，耐心为客户做好产品介绍、售前咨询、售后服务等诸多细节工作，并通过一些让客户感动的细节问题维持好客情关系，比如，在客户的爱子或爱女过生日的时候送一件他或她特别想要的礼物，在客户生病的时候前去探望等。

5. 采用一些有效的方法和工具

要使已经成交了的客户能成为自己永久的客户，营销员可采用一些有效的方法和工具来留住他。比如，客户累计消费到一定的数额赠送精美的小礼品；组织客户参加沙龙、论坛、旅游等活动，把许多客户集中起来，增强客户对营销员和产品的感情；发放调查表，让老客户填写对于自己营销工作的意见和建议，让客户获得尊重；及时给客户提供行业最新的资讯，给予客户更多有价值的信息。

做到了以上几点，客户就会更容易偏爱你和你的产品，从而成为你的产品的忠实客户。

让客户在使用产品中积累情感

营销员要努力做一个专业的顾问和指导员，帮助客户最大限度地利用产品的效用，帮助客户在使用产品的过程中积累情感。

若要让客户忠诚于产品，营销员还要努力让客户在使用产品的过程中积极的情感逐步得到积累。如果产品的质量和功能可靠，并且客户信任且购买了它，那么客户对产品的情感就会逐渐加深。

我们知道，初学电脑五笔打字法的打字员在使用这种方法打字时都是笨手笨脚的，可能好几分钟都输入不了几个汉字，常常会忘记哪个键代表哪个字根，常常会遇到一些字不知道怎么拆分字根。如果他已经熟练了拼音打字法，他甚至可能会怀疑五笔输入法是否真的比拼音输入法要快。如果他觉得自己练这种打字法很难，认为自己根本就练不会，他可能就会放弃继续练习，当然也体会不到五笔快速打字法能够给他带来的快乐、便利以及成就感。

但是，如果这名打字员没有被暂时的困难所吓倒，如果他坚信五笔输入法熟练的话肯定比拼音输入法快得多，并且坚持练下去、不断使用它，那么他的五笔输入会越来越快，他会越来越能体会到这种输入法给他带来的便利和快乐，他也能体会到因提高了工作效率、受到表扬而产生的强烈的成就感。

客户对某些产品的使用会像使用五笔打字法一样，刚开始可能因为不熟练使用或者暂时体验不到产品带给他的便利或利益，就会对该产品没有更深的感情。如果他只是停留在不熟练使用、体验不到便利和利益的阶段，那么他可能会拒绝继续使用此产品，也就很难培养对该产品更深的、依赖的情感。

因此，营销员的任务就是帮助客户了解并坚信产品的效用，帮助他正确使用该产品，让他在持续不断地使用产品中逐渐体验到其效用，更加熟练地使用，逐渐对产品产生依赖，并体验到成就感、快乐等情感。具体而言，营销员可从以下方面努力去做。

1. 提供给客户高品质的产品

这是首要的前提条件，这是客户对产品产生依赖的重要基础。只有质量可靠的、品质优良的产品才能给客户带来最大价值的效用，也才能带给客户更多美好的感觉和体验。

2. 及时给予客户正确的指导

有些产品，客户没有正确地、科学地使用它的经验，这样可能就会体验不到产品的效用所带来的各种美好的感觉。因此，营销员首先要成为该产品使用的专业人员，掌握科学的使用方法和维护方法，然后给予客户正确的使用产品的指导。比如，销售某软件产品，营销员首先要全面地掌握其功能、特点、使用方法以及故障消除等科学知识，然后要帮助客户坚信这种软件一定能给他带来很多便利，给他提供正确的使用方法以及解决相关问题的方法，并尽可能地了解客户的使用情况，及时帮助客户解决有关问题，让客户在逐渐熟练使用该软件的过程中一点点地增强对它的感情。

3. 让客户提出对产品的改进意见

任何事物都不是完美的，产品也不可能在每一个方面满足客户的各种需求，真正为客户着想的产品经营者会不断了解客户的意见，不断改进产品，让产品能够在更大程度上满足客户的需求。所以，营销员要尽可能地与客户交流使用产品的经验，了解客户使用产品过程中遇到的问题，向客户征求关于产品设计、产品销售等各方面的意见，并协助有关单位或部门不断改进，这种精益求精的做法会让客户对产品有更强烈的情感，从而产生重复购买的行为。

总之，客户使用产品的过程就是一个与产品不断进行情感交流、不断加深感情的过程，营销员要努力做一个专业的顾问和指导员，帮助客户最大限度地利用产品的效用，帮助客户在使用产品的过程中得到情感积累。

让客户情绪情感实现三级跳

在营销过程中，如果能让客户的情绪情感实现三级跳，那么，销售离成功就不远了，这是营销的最高境界。

客户对一件有较高价值的产品从了解到购买再到使用阶段，其感情都是逐步深化的，从最初被产品吸引、对其产生兴趣，到与产品产生感情的融合、决定购买和消费，最后在使用过程中对产品产生更深厚的感情，长期使用，并乐意将这种美好的感情向周围的朋友传播。

客户对于产品的这种情感变化过程可以称为情绪情感的三级跳，这三级分别是：关注了解产品，与产品建立感情基础；在体验或使用产品的过程中对产品的感情逐渐深化；将愉快的产品消费体验与朋友分享，形成感情的升级和传播。这个过程是一个时间持续的过程，也是一个比较的过程，更有深层的情感逐步发展。

成功的营销就是要让客户对产品的感情逐步深化，实现以上所说的情绪情感三级跳。这个过程的实现，需要借助于一系列的广告和产品推广，以及销售现场展示和体验活动的实施。下面逐一分析如何具体实现客户的情绪情感三级跳。

1. 第一级：关注、兴趣和记忆，让客户对产品产生感情

客户最初是不了解产品、对产品也没有感情的，因此一般不会产生购买行为。必须要使产品得到客户的关注，让客户对产品产生兴趣，使产品在客户记忆中留下深刻的印象，才能逐步让客户对产品产生感情，从而产生购买行为。

使产品引起客户的关注，让客户对产品产生兴趣和感情的方法主要有展示和引导。

所谓展示就是指产品在销售现场的陈列摆布，展示本身也能够传递和表达产品的内涵价值。比如，宝马在首都机场的形象展示店，虽没有展示其卓越的汽车，而是展示了宝马品牌的休闲运动服装，良好品质的服装展示也是宝马品牌内涵的成功延伸和展示。再比如，房地产项目现场无声的周边环境、样板间、样板景观、社区实景、会所、沙盘、户模、建筑用材、智能设施、硬件配套（门、窗、可视对讲）等，都能让客户根据对现场的所闻、所见形成对楼盘的基本印象。通过展示，可以使客户对于产品的基本特点、产品利益等有更全面的认知。

所谓引导是指营销员为帮助客户加深对产品的印象而作出的努力。外部的引导，包括报纸、杂志、电视、广播、展会、沿街的灯箱广告、导示牌、旗帜以及新闻事件、推广活动、口碑等；而销售现场的引导是指产品卖场的广告招贴、现场音乐、卖场形象、电视讲解、营销员的讲解等。引导的目的是吸引客户关注产品和深入探寻的兴趣，吸引客户逐步深入了解产品，并对其产生感情。

展示和引导的关键，并不在于表面上简单的热闹，而是要用关键的卖点吸引客户。表面的热闹也许只能达到引起客户暂时关注这一简单的目的，若没有关键的卖点引起客户的兴趣，客户就没有兴趣继续了解、全面认知该产品，也就不可能激发起客户的购买欲望。在展示和引导的环节中，最重要的是，要让客户的记忆聚焦于产品的关键价值或品牌个性，也就是力求让客户对产品的关键卖点或个性特色产生更为深刻的印象。

2. 第二级：让客户参与互动和体验，使其对产品产生情感融合

通过营造一定的氛围，让客户参与产品有关的体验，让客户参加与产品有关的互动活动以及使用产品，逐步加深对产品的情感，与产品产生情感融合。比如，在某些早教中心的早教课程销售中，让准客户参与宣传课程理念的圣诞节活动、“六一”儿童节活动等，让孩子和父母在参与互动体验的活动中，更深刻地认识到其早教课程的理念、模式等，加深对早教中心和早教产品的感情。再比如，房地产销售商面向业主和意向客户举办“高尔夫比赛”等活动，让客户在参与的过程中，体验房产所处环境中的运动娱乐配套设施所带来的美好感觉，从而产生对新环境的憧憬和期待之情。此外，在营销员的指导下，客户购买后正确使用产品的过程也常常是对产品的情感逐步深化的过程，可以让客户产生情感融合。

互动是达到深度沟通的重要手段，可以加强客户对产品内涵的深度体验，通过增进与目标客户及产品使用者的情感交流，促进产品文化和价值内涵在客户心中的积淀，通过互动达到客户的“感情融入”和“感情融合”，从而使客户对产品产生更深刻的感情。

3. 第三级；让客户偏好和忠诚于产品，并与朋友共享，将情感传播

从客户对产品建立情感基础，到情感融合，产品的利益和价值日渐深入客户的内心，给他带来许多美好的体验，情感也在其中逐步深化，对新产品经历了新奇、愉快、向往、尊重、亲近的情感历程，并最终达到了对产品的偏好和忠诚。一旦客户对产品产生了偏好和忠诚，就很容易产生重复购买的行为，并且乐意与朋友分享产品带给他的美好体验，将情感传播。

比如，如果一位女士在某家专业美发店烫了一个漂亮的发型，周围的朋友都说她看上去精神、漂亮多了，她自己也自我感觉良好。况且这家美发店的服务非常周到，让这名女士非常满意。那么这名女士下次烫发、理发的时候还倾向于选择这家美发店，而且，那些闺中密友们夸赞和谈论她漂亮的发型时，她很可能会高兴地说：“我是在××美发店做的头发，他们服务很周到，也很专业，有时间你们也去那里做个头发吧。”

总之，在营销过程中如果能让客户的情绪情感实现三级跳，让客户经历情感逐步深化和升华的过程，逐步对产品产生偏好和忠诚并将其情感传播给周围的朋友。那么，销售离成功就不远了，这是销售的最高境界。

学习麦当劳的提醒式推广

提醒式推广可保持与客户持续性的情感沟通，使得产品深刻地在客户的潜意识中留下痕迹，让客户更倾向于选择该产品。

很多营销员会认为，只有在新产品上市之初，才有必要加大对产品的宣传推广力度。对一些已经被消费者熟知并且正在市场上畅销的产品，就没有必要进行媒体传播以及广告的宣传了。在他们看来，产品正在畅销，说明消费者已经完全接受了产品，只要保证产品的质量，市场销售就不成问题了，没有必要再浪费时间、金钱额外推广了。

事实上，在商业竞争激烈、新产品层出不穷的时代里，没有任何一种产品能够长久地占据市场份额的顶尖，消费者的目光很容易被新出的产品所吸引。另外，从消费者的大脑记忆与情感遗忘程度的曲线上来看，在没有任何提醒的情况下，每隔三个星期左右的时间，消费者对于某种产品与品牌的记忆度与情感度就会下降2~5个百分点。如果某种已经畅销的产品在此时对消费者没有进行相关的信息传播，其他品牌的产品就可能会乘虚而入，逐步占据消费者的头脑和视野，使原畅销品牌的产品逐渐淡出消费者的生活。

要避免畅销品牌的产品逐渐被消费者淡忘，就需要采取措施不断地唤醒消费者、不断地与消费者进行情感沟通。提醒式推广就是通过不断地推广宣传、及时地提醒客户，让产品的形象深深地印在客户的脑海中，不至于被淡忘。这实际上是一个不断地与客户进行情感沟通、对消费者进行情感唤醒的过程，使产品始终留在消费者的头脑中并保持一定的情感度。我们知道，恋人或夫妻都需要经常见面、经常进行情感以及各种信息的沟通和交流，这样才会避免双方的感情逐渐淡漠，客户与产品的感情发展实际上也是如此。

提醒式推广做得比较好的典型案例就是麦当劳。作为快餐行业的第一品牌，麦当劳的品牌知名度可谓极高，在海内外都家喻户晓，得到了广大消费者的认可和接纳。尽管品牌已经深入人心，且每天都顾客盈门，但是麦当劳的公关活动、媒体传播、广告投放从来没有间断过。

在21世纪初，互联网越来越普及的时候，越来越多的传统广告客户开始对数字媒体产生了浓厚的兴趣。为此，麦当劳也加入到了这个行列中，声称计划将在数字媒体市场投下重金，其花费可能是在电视广告上花费的数百万倍。麦当劳这一举措的目的是吸引那些热衷于电脑而非电视屏幕的消费者，麦当劳当时也看到了热衷于网络的人的数目有不断上升的趋势，其中青少年的数量非常可观，而这是麦当劳的重点客户群。

麦当劳的广告形式丰富多彩，它请不同年龄的人群为其做广告，请不同的明星为其做广告，使用不同的广告语、不同的图像等来宣传自己的品牌。在不间断的广告攻势下，麦当劳这种丰富多彩的广告形式避免了客户的视觉和听觉疲劳，也避免了客户的情感疲劳。

麦当劳的提醒式推广策略已经不再只是产品本身信息的传达，而更重要的是，它起着唤醒客户与产品之间情感沟通的作用，使得麦当劳“常常欢乐，常常麦当劳”的宣传语深入了客户的潜意识中，也使得客户与麦当劳产品的感情不断得到保持，让他们很容易就会选择麦当劳。同样，乔·吉拉德每个月都给客户寄贺卡，并根据月份写上不同的祝福语，然后签上自己的名字，这也可以说是类似于麦当劳提醒式推广的一种策略。

要想在竞争激烈的营销市场中取胜，营销员不妨学习一下麦当劳的提醒式推广，靠与客户持续性的情感沟通，使得产品在客户的潜意识中留下深刻的痕迹，让客户更倾向于选择该产品。

感官愉悦让客户更热爱产品

要让客户的各种感官尽可能地获得美好的体验，从而让客户对产品产生更深的感情，引起强烈的购买欲望。

美丽也可以是一种生产力，四川航空公司就是一个利用这种生产力来生财的例子。若是比飞机的数量等硬件设施方面，四川航空公司无法与国内其他航空公司相比，但是川航在国内航线激烈的市场竞争中，把空姐的美貌作为卖点，提出了独特的广告语——“美丽川航，伴你回家”，收到了意想不到的效果。川航的空姐个个都是美女，美丽川航的空姐形象让人过目不忘，这给客户带来了很大的视觉愉悦。当然，川航空姐并非只是美丽的花架子，川航提出仪表与心灵的统一才是真正的美，空姐美丽的外表和美丽的心灵不仅仅愉悦了客户的眼睛，更愉悦了客户的心情。

同样，旅游胜地三亚，也是大力发展这种“美丽经济”的榜样。依托美丽的热带风光，利用“世界小姐”美女云集的优势，三亚打造出“美丽风光”和“美女”两张名片，为此吸引了更多的游人来此地看“美景加美女”。“美景加美女”倾倒了无数游客，也为三亚创造了不菲的经济效益。

以上这种“美丽价值”，其实就是一种“情感价值”，能够带给客户感官的愉悦，也能够带给客户一定的情感满足。

力求使产品或服务带给客户更多视觉、听觉、触觉、嗅觉、味觉等感官上的愉悦，这是一种非常有效的营销手段，比如，美观的外形、悦耳的音乐、光滑的外表、芳香的气味等，都可以帮助客户加深对产品的感情。川航和三亚的事例就是利用产品带给客户视觉上的愉悦来增强客户对产品的感情的。

在营销工作中，营销员可充分利用这一营销手段，努力结合产品本身的特征，通过语言、行为让客户获得更多的感官愉悦，让客户更加喜爱你的产品。要尽可能地让客户从各个方面感觉到你的产品，在销售过程中，让他看到、听到、闻到、尝到、感觉到。要让客户看看新产品美丽的外形，让他闻闻新产品的味道，让他摸摸新产品的表面，让他听听新产品的声音，让他从不同的角度来欣赏新产品的美，让他操作或试用这个产品，让新产品尽可能地给客户愉悦的感官享受。

比如，我们可以巧妙地利用色彩效应，向客户传递产品美的外观，让客户在视觉上产生美好的感觉。比如，深颜色具有收缩的感觉，而浅颜色具有膨胀的感觉，因此，某些有经验的服装营销员就会给身体较胖的人推荐深色的服装，给身体较瘦的人推荐浅色衣服，这样较胖的客户穿上后看起来就会感觉不那么胖了，而瘦的客户穿上去也感觉很漂亮。

除了让客户自己通过听、闻、嗅、触摸等这些具体的动作来体验产品不同的美妙感觉之外，也可以运用具体形象化的语言对产品进行描述，让客户想象会体验到什么样的感觉。具体形象化的语言可以提升客户购买产品的欲望和拥有产品时的美好感觉，促进销售。

例如，如果要促销某个海边的度假中心，可以结合以下几种感觉来介绍。

听觉——“你能够听到海浪冲击岸边的声音，听到海鸥、海燕的叫声，还能听到岸边某个商场里播放的优美的歌声”。

嗅觉——“你能够闻到周围花草的香气和海边的果树结出的果实的气味”。

味觉——“你可以去周围的商店里买一些当地盛产的水果，尝尝那些水果酸酸甜甜的味道”。

触觉——“你可以光脚踩在或平躺在沙滩上，体会那种松软、舒适的感觉，体会温暖的阳光照耀、徐徐的海风吹拂自己肌肤的美妙感觉，这都会让你感觉非常舒服惬意”。

总之，不管你销售的是空调、汽车、房子、钢琴，还是学习用的参考书、杯子等，都要尽可能地让客户从各个方面体验产品带给他的感官愉悦，或者用具体形象化的语言生动清晰地给客户描述产品或客户拥有该产品后的感官体验，让客户的各种感觉尽可能地获得美好的体验，从而让客户对产品产生更深的感情，引起强烈的购买欲望。

让你和你的产品都值得依赖

聪明的营销员会努力让自己和产品都值得客户依赖，会通过努力让自己和产品带给客户更多美好的感觉。

如果客户只相信从你这里购买的产品，如果他使用别人的产品都觉得不放心，只有使用你的产品才会有安全感，甚至到了时刻都不能离开你和你的产品的程度，那就是客户对你和你的产品产生了依赖，就像人的生存必须依赖于空气、阳光和水一样。当客户对你和你的产品产生了依赖，他就会重复消费，就会为你带来长久的利润。

如果客户对营销员产生了某种程度的依赖，他就会倾向于更多地与这个营销员打交道；客户对某一产品的依赖程度越大，就表明他对这一产品渴望拥有的程度越深，越有可能成为这一产品的长久客户。人的本性是趋乐避苦，客户更倾向于选择能带给自己更多美好感觉和享受的营销员，只要经济条件允许，客户就会选择让自己更舒服、更享受、更愉悦的产品。

所以，聪明的营销员会努力让自己和产品都值得客户依赖，会通过努力让自己和产品带给客户更多美好的感觉。

火车的功能就是将客户从一个地方带到另一个地方，客户坐火车主要目的就是到达自己的目的地。但是，我们都知道，火车的软座要比硬座贵，软卧要比硬卧贵，这主要是因为软座比硬座坐上去更舒服一些，环境更舒适安静，同样，软卧与硬卧也有舒适度与环境的差异。

同样，飞机的头等舱和经济舱也是因为差异带给了客户不同的感觉，从而拉开了价格。例如，在英国航空公司、新加坡航空公司以及伦敦希思罗机场的头等舱候机室里，都放置了牧草、薰衣草等高级的芳香剂，芳香剂散发出的天然香味能够帮助乘客缓解压力和旅途的不适，头等舱在环境、食品、服务等方面也比经济舱优越得多，给乘客一种非常舒适的感觉，在很多方面实现了乘客价值的最大化。

因为在实现了使用功能的基础上，火车软座、软卧以及飞机头等舱带给了客户更为舒适、更为愉悦的美好感觉，也带给了客户体现自己身份和地位的尊严，所以一些客户就对它们产生了依赖，当这些客户乘坐过火车软座、软卧或飞机头等舱之后，就不习惯再去乘坐硬座、硬卧或经济舱了。

火车和飞机的事例告诉我们，要让我们的产品值得依赖，就要努力在产品能够满足客户基本使用功能的基础上，优化产品，力求使自己的产品带给客户更方便、更舒服、更愉悦的美好感觉。

除通过优化产品本身的功能和利益、优化其附加价值之外，还有很多方式可以促使客户对产品产生依赖，比如，利用客户的某种心理做好推广，引导客户逐渐对产品产生依赖，“箭牌口香糖”在这一方面堪称典范。

在20世纪90年代，箭牌口香糖有一段时间销量下滑，就在公司营销人员一筹莫展之时，他们发现并利用了一个很好的机会：当时，社会各地正在倡导公共场所禁止吸烟，但很多烟民常常烟瘾难耐，多年养成的吸烟习惯很难戒掉，因被剥夺“手伸向衣兜，掏出香烟，点燃，深吸一口”的习惯性动作而焦虑难耐。箭牌口香糖巧妙地利用烟民这一“习惯性依赖”动作大力推广自己的口香糖，对烟民进行说服式诱导，引导烟民用嚼口香胶来代替吸烟。这样，口香糖就可以像香烟一样替代尼古丁对味觉的刺激，既帮助烟民克服了想吸烟却不能吸烟的焦虑不安，又可以帮助烟民逐渐戒掉吸烟的习惯，使其逐渐对嚼口香糖产生习惯性依赖。此后，很多人就逐渐养成了在公共场合“剥开包装纸，取出香口胶，张开嘴巴，有节奏地咀嚼”的习惯，箭牌口香糖也随着这一广告而名声大振，销量一路飙升。

优化产品的附加功能、进行有价值的推广，让客户对产品产生依赖，这可以创造优秀的销售业绩。同样，营销员让自己这个人值得客户依赖，也是创造优秀业绩的重要砝码，也是深化客户与自己、与产品的情感的重要条件。

依赖就是客户对营销员产生了信任、好感、认同、仰慕、尊敬，最后客户完全听从营销员的。要让客户对自己产生依赖，营销员就要不断提高自己的修养，使自己拥有良好的个人形象与人格魅力，还要有专业的产品知识与实际操作能力，并能够始终站在客户的角度想问题，抓住客户的心理和情感需求，很好地满足客户的情感需求。当一个营销员既有良好的个人形象和强大的人格魅力，又有高超的专业知识和技巧，并且能真心地为客户着想、满足客户的需求时，这个人在客户心目中就几乎无可替代，他说的每一句话就都很有说服力，更容易让客户对他产生依赖。

总之，让自己更优秀，让你的产品更优秀，让你的服务更优秀，让你和你的产品都值得依赖，才能吸引更多的客户，才能保持更优秀的业绩。

经常联络你的客户，加深感情

营销员要经常联络客户，经常与之交流，不断加深与客户的感情，这样才能更好地维护客情关系，促进营销工作。

人与人之间需要经常联络和交往，感情才能得到巩固和加深。在营销工作中，营销员也需要经常联络客户，经常与之交流，不断加深与客户的感情，这样才能更好地维护客情关系，促进营销工作。

乔·吉拉德能够留住大量客户的方法之一，就是持续不断地与客户保持联络，不论是已经成交的客户，还是没有成交的客户，都是如此。乔·吉拉德除了使用电话与客户经常保持联系外，他最常用的方法和手段就是信件。他一年可向每位客户发12封信，每个月都会给所有客户发一次信，这样下来，他每个月就要发大约16000封信件。由于乔·吉拉德使用的信封颜色每次都不一样，大小也不一样，且每个月份的信件内容也会有所区别，这样就会引起顾客的兴趣，不至于使客户把他的信件没有看就扔进了垃圾桶。乔·吉拉德的信跟真实的家信一样，他会在一月份给客户寄一张贺卡，上面写上“新年快乐——我喜欢你”，卡上有和新年相吻合的美术图案，最后还要签上他的名字。同样，二月份的贺卡他会写上“情人节快乐”，三月份的贺卡写上“圣巴特里克节快乐”，等等，并配有不同的图案。这样，不论是黑人、波兰人，还是犹太人，都会喜欢乔·吉拉德的贺卡，并因为他发来贺卡而记住他、喜欢他。有时，乔·吉拉德还会在某个月给全体客户发一张生日贺卡“生日快乐，我喜欢你”。

乔·吉拉德就是通过这种连续不断地寄信件的方式，让所有的客户都记住了他，并逐渐喜欢上了他，使得每个客户与他的感情日渐加深、巩固。

要与客户经常保持联络，加深感情，可以通过以下这些方式和手段来实现。

1. 周期性的实地拜访

对于一些需要重点维护的客户，比如，大客户、目标客户、需要特别帮助的客户、已经成交的客户等，可以根据自己的实际对其进行周期性的实地拜访。

有一名制药厂的营销员在和一家药店建立了初步的关系后，每隔半个月、一个月就去拜访那家药店一次，经过几次拜访，店主就对营销员说："你能经常来与我们交流，我真的很高兴，这说明你们公司对我们药店很重视。其他厂家的药品在我们这里上柜后，很多都是半年一年都不来人，只是在电话里问要不要货，让我觉得很不是滋味。"

在进行这种周期性的实地拜访时，可给客户带一些价值不高但实用的小礼品、产品资讯等，或给客户讲解如何经营产品的经验或更好地使用产品的经验。

2. 在重大节假日进行情感联络

在重大节假日或客户的生日，营销员可通过实地拜访、电话或短信祝福、优惠或赠送产品、附加服务（如免费帮助客户进行产品检查和维修）等方式与客户保持联系，加深与客户的感情。

3. 赠送小礼品

在条件允许的情况下，可以给客户赠送或邮寄一些实用的、客户喜欢的小礼品，这是联络客户、加深感情的重要手段。

4. 举办客户联谊活动

比如，有些公司为了更好地服务客户、加深与客户之间的感情，成立了客户俱乐部、沙龙等，定期举办不同主题的客户联谊活动，促进客户对产品和公司的了解，进一步增强客户对产品和公司的关系。

5. 通过联络工具来与客户保持联系

（1）电子邮件。在生活节奏很快的时代，电子邮件是交流信息和情感的快捷工具。营销员可以利用电子邮件来与客户保持密切的联系，比如，节日问候、新产品介绍、使用产品情况的交流、征求客户对产品设计和使用的意见、产品促销活动等都可以通过电子邮件来完成。再比如，有的厂家会制作出公司的简讯，定期地向自己的客户发送一封电子邮件，这样做的一个目的就是不让那些对产品暂时没有需求的客户忘记自己。

当然，使用电子邮件绝不要只是向客户推销产品，这样会让客户很反感，所发邮件的信息要对客户有价值。而且也不要盲目地向客户乱发电子邮件，要得到客户的允许再发电子邮件给他，因为有些客户并不希望过多的电子邮件打搅。

（2）电话和短信。电话和手机短信也是与客户进行信息和情感交流的快捷工具，比如，通过电话征询客户使用产品的情况、了解客户在产品使用中遇到的问题，利用短信对客户进行节日问候、生日祝福等。同样，使用电话和短信也不要只是向客户进行没有感情的产品推荐，以免招致客户的反感。

（3）网络 QQ。当前，网络 QQ 已逐渐成为一种被广泛应用的联络工具，营销员可通过这一工具与客户进行沟通交流、发送祝福图片等。

（4）信件和明信片。在电话和网络高度发达的今天，信件和明信片已逐渐被人们忽略和遗忘了。但实际上，信件和明信片能够达到电话和网络交流所达不到的效果，因为看得见的图片、文字等信息比听到的声音能够留给客户更深刻的印象。在信件数量大大降低的今天，客户收到信件或明信片时甚至会有与众不同的感觉。

当然，在通过以上方式和手段、工具与客户保持联系时，要怀有一颗真诚的心，真心地考虑客户的需求和利益，不要让感情的联络流于形式，为联络而联络。

用你的忠诚赢得客户的忠诚

要赢得客户的忠诚，营销员首先要做到对客户忠诚，因为忠诚是相互的，用真心才能换得真心。

所谓忠诚，是指对所效忠的对象真心诚意、尽心尽力，没有二心。在营销员和客户之间，忠诚往往是相互的，只要营销员对客户是忠诚的，客户就会对营销员表现得忠诚。因此，要让客户忠诚于自己和自己的产品，营销员首先要做到对客户忠诚，用自己的忠诚赢得客户的忠诚。

“销售女神”徐鹤宁与一位“保险皇后”青姐的故事就是相互忠诚的典型例子。青姐是徐鹤宁的保险顾问，徐鹤宁全家的保险都是在她那里买的。最初，青姐是徐鹤宁所销售的陈安之课程的学员，在做学员以及以后的过程中，她发自内心地做了很多让徐鹤宁感动的事情。

青姐上了陈安之老师的课之后给徐鹤宁写了一封信，随后她的女儿也给徐鹤宁来了一封信，与徐鹤宁分享她们上课之后的变化，对徐鹤宁给她们提供了这么好的课程表达了真诚的感谢，并激励她继续努力推广该课程，这让徐鹤宁很感动。

在听说徐鹤宁要在业绩上破纪录，要挑战不可能之后，青姐就主动帮助她介绍客户（对同是营销员的客户，这是服务客户、帮助客户的最好方式）。青姐对徐鹤宁说：“我把我汕头所有的保险客户聚在一起，我帮你找一家五星级酒店，帮你出所有来回的费用，出钱请你住酒店。我帮你打电话通知我的顾客，你为我的顾客演讲一场，推广陈老师的课程。”

当徐鹤宁到了汕头以后，发现汕头人的学习意识不是很浓，所以报名的情况并不是太好。青姐怕徐鹤宁难过，就说：“这样好了，我自己买十几二十几张票，然后我再想办法去卖掉!”然后她真的买了一些票，卖了一个月，结果还剩下几张她就让自己全家人都去上课了。青姐的这种做法让徐鹤宁非常感动。

有一次，青姐给徐鹤宁打电话说：“鹤宁，我有一个顾客是深圳的一个老总，她的生意做得不太大，在深圳酒店行业做到 NO.1 而已；员工也不太多，4000 人而已；酒店也不太大，1.5 万平方米而已。现在我把她介绍给你，她说她要找你去做内训，她说她非常喜欢听你的演讲。因为我把你的演讲光碟送给她了，所以她想请你帮她的4000个员工做全年度的企业培训!”青姐很快就帮徐鹤宁约好了与那位老总见面的时间和地点，最后，也是在青姐的促成之下，这位老总真的成了徐鹤宁的一个大客户。

不仅仅帮助徐鹤宁介绍客户，在徐鹤宁结婚的时候，在她怀孕、生宝宝的时候，在各种节日时，青姐总会从远方给她送来鲜花和真诚的祝福。

青姐如此真心实意地帮助和对待徐鹤宁，这让徐鹤宁除了感动之外，更让她到了觉得不跟青姐买保险自己就不是人的地步。后来，徐鹤宁就陆续为自己、为她的老公、为她的孩子都在青姐那里买了保险，这就是青姐对客户忠诚的态度赢得了客户的忠诚。

青姐这种发自内心地帮助客户、服务客户的态度是她成功的重要原因，她持续地帮助客户，没有很强的目的性，这体现着对客户服务的忠诚，这会让客户也发自内心地去支持她。

所以，要成为优秀的营销员，要赢得客户的持久忠诚，就要像青姐一样，真心实意地去帮助客户、服务客户，不仅在售前，也要在售后，不仅在买卖关系之内，也要在买卖关系之外，都尽可能忠诚地为客户服务。

第七章

把客户纳入你的营销圈子

——纯粹的交易不敌良好的客户关系

孤立的、一对一的营销往往会花费我们大量时间、精力以及资金，但如果我们以具有同类特点的群体为目标，借力使力，充分利用圈子成员相互之间的强大影响力，营销工作就会容易得多，也更加高效。因此，营销员要设法把客户纳入自己的营销圈子，要学会经营自己的营销圈子，快速地扩大自己的营销范围。

交易首先从建立关系开始

营销员最初是把目光更多地集中在眼前的生意上，还是集中在与客户的关系建立上，将会极大地影响营销的进程和结果。

营销圈子首先是一种人与人之间的相互关系——营销员与每个客户间的关系，客户与客户之间的关系。要做好圈子营销，获得交易成功，首先就是要建立良好的信任客户关系，这是所有的营销专家都一致主张的。

很多新手营销员常常会问这样一个问题："我怎样才能获得订单?"当然，营销员的最终目的就是获得订单，但是在没有与客户建立良好的信任关系之前，就抱有这种强烈的目的，结果往往会事与愿违，获得客户的订单也几乎是不可能的。试想，你与某个异性彼此不了解、双方没有获得信任，你是否就会与对方私定终身呢？一个陌生人与你第一次见面，你是否就会把自己的银行卡和密码告诉对方呢?

营销员最初是把目光更多地集中在眼前的生意上，还是集中在与客户的关系建立上，将会极大地影响营销的进程和结果。良好客户关系的建立会促进销售工作的顺利进行；反之，则会失去很多生意。美国著名成功学家卡耐基曾说："一个人的事业成功，只有15%是由他的专业技术决定的，另外的85%则要靠人际关系。"在营销行业，人际关系更会成为营销员结识、发展客户、提升业绩的重要资源。

有一次，做培训销售工作的刘凯去外地培训后返回工作地，在飞机上，他注意到身边有一位看起来很干练的女士在看一本管理方面的书，刘凯猜想这位女士是从事企业管理的人，一定是自己的目标客户。

于是，刘凯很自然地和女士打了个招呼，见刘凯仪表堂堂、没有恶意，女士很友好地回应了他。之后，他们俩很随意地聊了起来。果然，女士是在一家服装企业做管理的，他们就聊起了企业管理的话题。在整个交谈中，刘凯没有向女士透露一句他们的培训课程的信息。临下飞机，他递了自己的一张名片给那位女士，表示希望以后有机会再交流。刘凯的修养和真诚感动了女士，她也掏出自己的名片递给了他。

第二天，刘凯给这位女士打了个电话，告诉她说昨天在飞机上与她聊得很愉快，但是当时有一个关于管理的问题忘了请教她，今天特意打电话来求教（其实这是刘凯特意找的一个打电话的理由）。

过了两个星期，刘凯给这位女士发了一条短信，表示自己仍记着与她的那次愉快的谈话，希望双方有机会进一步交流。

很快，大约又过了半个多月，已到了国庆节，刘凯打电话给这位女士向她祝贺节日。能得到一位帅哥的节日祝福，女士当然也很高兴。这一次，她对刘凯的信任又增加了一分，因为他的态度始终是真诚的，他并没有过多地向她推荐自己的培训课程，而是一直在与她交流有关管理的话题。刘凯把握住了火候，提出了约见进一步交流的要求，女士爽快地答应了。

经过一段时间的交流交往，这位女士对刘凯已经没有多少了心理戒备。又过了一段时间，刘凯的一个朋友要策划一个有关服装生产和销售的人力资源研讨会，刘凯又一次打电话给这位女士，声称自己对服装行业缺乏了解，想请她来朋友的研讨会做嘉宾。至此，这位女士已经觉得刘凯是一个值得信任的人，就答应了他的请求。

几次交流交往，刘凯更多的是设法与客户建立良好的信任关系，最终他赢得了这个客户的信任，也赢得了她的订单——她组织了单位里几个中高层领导来参加了刘凯公司的企业管理培训。

这是一个通过与客户建立良好的信任关系而赢得订单的成功例子。试想，如果刘凯一开始就只是向这位女士大力推销他的培训课程，那么女士可能会有较强的戒备心，很容易会拒绝他：“我不了解你，凭什么仅靠你说我就相信你有这么好的产品？”

那么，营销员该怎样建立良好的客户关系呢？哪些手段会有助于良好客户关系的建立呢?

首先，我们可以通过自己所认识的亲戚、朋友和以前的老客户介绍新客户，因为有熟人做中间人，我们更容易与熟人的关系人建立起信任关系。乔·吉拉德曾说：“每个人的后面都有 250 个人。”这是说，一般情况下，每个人会和周围其他 250 个与他（她）认识的人有着各种关系，这就是“250 定律”。所以，我们可以根据“250 定律”，首先与亲戚、朋友、老客户保持好关系，然后让他们帮助自己介绍新客户，这样会降低建立人际关系网络的成本，而提高成功率。

其次，在与新客户建立关系时，要注意以下一些问题，使用一些有效的交际技巧。

（1）从外貌、形象和言谈举止上努力给客户留下良好的第一印象，以吸引客户进一步与自己交往。

（2）与客户分享共同的兴趣。每个人都喜欢与别人分享自己的兴趣，如果客户与自己有共同的兴趣爱好，比如，高尔夫、摄影等，可谈论双方共同的兴趣，这很容易赢得客户的好感。

（3）尽量让客户多谈论自己。人们总喜欢谈论自己，营销员要多提问问题，引导客户谈论自己。

（4）耐心倾听。无论客户谈论什么，营销员都要注意耐心倾听，这会让客户感受到尊重，对营销员产生好感，从而乐意与其建立良好关系。

（5）给对方提供服务。比如，给客户的产品做个免费检查，给客户提供专业的咨询和建议，满足客户的需求，这会引发客户对营销员的好感和信任。

（6）学会称赞。衷心地称赞客户是一种跟他建立良好关系的有效方法，如果称赞的同时表达出想向对方学习的真诚，请教客户所擅长的问题或技能，就会很容易赢得客户的信任。

以上内容都是介绍营销员如何与客户建立良好的关系，这是经营营销圈子的第一步，也是建立客户网络关系非常重要的一步。对于营销圈子而言，还有一种关系是非常重要的，那就是客户与客户之间的关系，这在下面的章节中会有相关介绍，这里不再赘述。

针对合适的圈子进行特定产品的营销

选对圈子，是进行有效的圈子营销的重要一步，营销员要结合产品的特点、功用选择合适的圈子，再进行有针对性的圈子营销。

物以类聚，人以群分，具有共同爱好、经历、理想、观念或行为方式等情感特征的人群容易组成一个个圈子。比如，车友会是个圈子，台球俱乐部是个圈子，知青是个圈子，追星族也是个圈子，等等。圈子中的成员对这个圈子集体有群体归属感，他们认同圈子的文化、观念和行为；反过来，圈子的文化、价值观念等对圈子中的人也会有很大的影响。

圈子中成员间的相互影响是很大的，这种影响近乎社会舆论对人的作用和影响。圈子中的成员常常会相互模仿其他成员的言语和行为，甚至吃什么零食、穿什么衣服、使用什么牌子的手机都会相互感染和追随，圈子的这种特点对于开展营销有着重要的意义。

但是，不同的圈子具有不同的特点，有不同的价值观念、理想追求等，不同的圈子还会对产品或服务有不同的需求。比如，车友会的人都喜欢各种类型的车，是各种车及其配件或服务等产品的重要客户；驴友会的人都热衷于旅游，是各种旅游产品的重点客户；环保协会的人都关注环保，他们也关注有关环保的产品，比如，环保餐具等。特定的产品只会适合特定的圈子，不可能适合所有的圈子。要做好圈子营销首先就要了解圈子的特点、圈子的文化，要了解圈子中成员的需求。只有找对了圈子，才能做好圈子营销。

当前，互联网上的各种论坛、博客圈、维客圈等五花八门，令人眼花缭乱，这些都是一个个的“圈子”，这些圈子常常会成为很好的网络营销通道。

某地一形象设计艺术学校就巧妙地借助网络“圈子”进行了有效的“圈子营销”，他们利用学校网站的论坛“圈子”巧做文章而吸引了大量的注册会员，大大增加了网站的客流量，这对于学校网站和学校本身都是很好的宣传推广，对学校的招生、就业等也有一定的影响。

该校广告部负责人在谈到进行学校网站论坛建设的初衷时表示，当时只是想让学员和化妆爱好者聚集在一起进行更多的沟通和交流。后来经统计发现，论坛的注册会员中，有大约4～5成的会员不是本校的学员。

根据这一发现，为了吸引更多的潜在客户和校外会员，也为了提高学校网站的客流量，扩大学校本身的影响，学校针对网站论坛采取了一系列措施。比如，重点加强论坛板块的设置，并经常性地举办一些网上活动和赛事，通过设置板块“活动评选”让大家来投票、参与；及时将学校的重要事件信息在网站论坛上发布，提高访问量；将搜索引擎与论坛捆绑，使客户通过百度搜索“美学艺术”“彩妆造型”等关键词，就能搜索到该校的网站论坛。

学校采取的这一系列措施，大大增加了网站的访问量，其日平均流量约20000次，论坛注册会员的数量也翻了一番，大大提高了学校的知名度。

以上这个例子主要就是利用了网络圈子的特点进行了有针对性的营销，利用网站论坛的客户来吸引更多的网站客户。如果这所学校不是在网站上，而是在电视上或报纸上宣传自己的网站，针对那些“电视观众圈子”或“报纸读者圈子”进行营销，其效果肯定远远逊色于利用网站论坛的营销，这可能会遭来电视观众和报纸读者的反感甚至骂名。

因此，选对圈子，是进行有效的圈子营销的重要一步，营销员要结合产品的特点、功用选择合适的圈子，再进行有针对性的圈子营销。

除了寻找自然形成或某些有组织的圈子，进行特定产品的营销之外，还可以挖掘某些消费者的共同点，组建一个“消费者圈子”，在圈子内建立一种和产品相关的价值观，激发圈子内人群的情感需求，从而更好地对产品进行有效的营销。比如，通过组织关于老年人健身的活动，吸引周围的老年人来参加相关的健身活动、听养生讲座等，这种活动很容易赢得“老年人”这个圈子的好感，满足其情感需求，在这种情况下，再进行老年人保健产品的营销就容易多了。

灌输圈子文化就是对产品的推销

向圈子灌输产品所附加的文化，逐步影响圈子成员的价值观念，进而影响他们的消费行为，这直接的结果就是销售出了更多的产品。

什么样的圈子就会具有什么样的圈子氛围和文化，这种圈子文化会影响圈子内人群的消费观念和消费行为。如果圈子内有些人不认同圈子文化，不认同圈子的消费观念和消费行为，那么，他就很容易被排斥在圈子之外。

有一个QQ群里聚集了一帮姐妹，她们经常有事没事地在网上聊天，讨论什么牌子的服装好看，什么品牌的化妆品好用，什么地方的美食让人垂涎。她们隔三差五地还要一起聚会、一起逛街，几乎当地的餐厅都被她们吃过了，当地的服装商场也被她们逛遍了。这帮姐妹的口号就是“逛光，吃光，买光”，只要她们平时一起逛街、购物，就会人人买回一大堆衣服、化妆品之类的东西，如果谁没有买东西就会被斥责为是小气、不会享受。

这帮姐妹的行为使得她们的丈夫们都怨声载道，因为这种做法经常会导致家庭经济的困窘，甚至有几个原本不喜欢购物的人也养成了攀比心理和疯狂购物的行为。

这就是圈子文化对其成员的影响。圈子会给其成员一种归属感、被认同的情感满足，获得这种情感满足后，圈子成员就很容易被圈子文化所同化，其原来的某些价值观念和行为可能就会有所改变，而逐渐趋向于圈子文化所认同的价值观念和行为。大多数情况下，圈子文化大多会成为圈子内部的一种游戏规则，这个规则潜在地约束着圈内的每一个成员。如果有成员不认同或不遵守这种规则，他就可能会退出圈子，或者被圈子内其他成员排挤出去。

对于营销员来说，圈子文化及其对成员的影响力是一个扩大营销的良好契机，抓住这一契机进行有效的营销，就能迅速将其转化为商业利益的突破点。我们要更好地利用圈子文化的力量，就是要设法向特定的圈子灌输特定的圈子文化，以影响圈子内成员的价值观念，使得这种价值观念逐渐成为圈内成员都认同的观念，并逐渐成为影响他们言行的规则，进而使得他们在这种规则的驱动下自发地去选择相应的产品。

肖媛是一家药店的营业员，有一天，她接待了一位来药店买排毒药品的女孩，肖媛给这个女孩推荐了一种排毒养颜胶囊。在肖媛和女孩聊天的过程中，她听到女孩无意中说，自己的几个大学同学、好姐妹最近都对排毒特别感兴趣，在使用各种办法排毒，但因为缺乏科学知识，似乎都看不到什么效果。

肖媛敏锐地捕捉到了这一商机，她立刻建议女孩邀请她的几个好姐妹到她们药店里来听一场关于女性排毒的免费讲座，由已经退休的资深大夫也是店主来主讲。女孩回去跟她的几个姐妹一说这事，她们都很高兴。听说去听讲座买不买产品都没有关系，到了讲座的那一天她们都欣然前往，她们还带去了好几个年轻的女同事、朋友等。

店主讲座的内容主要是女性体内的毒素如何产生、有什么表现和危害、怎样排毒等，只是顺便提及了一两次排毒产品。老大夫讲得很专业，那些年轻女孩都很信任她，讲座结束后，有几个女孩认为自己体内的毒素太多，就听从了老大夫的建议买了不同的排毒产品。

老大夫的讲座可以看做是对一个特定的圈子灌输某种文化所带来的影

响，她所倡导的排毒理念影响了这些爱美的女孩子们的观念，并影响了她们的行为——购买了排毒产品。

可见，灌输圈子文化其实就是在推销产品，且是一种对产品更有效的推销。在根据产品选择了特定的圈子之后，我们就要设法向圈子灌输一定的圈子文化，将产品所体现出的价值观念逐渐渗透到圈子成员的内心。

比如，如果我们营销旅游产品，那我们就要找到一些对旅游很感兴趣的驴友群，给他们介绍有关旅游安全、旅游的种种益处、如何实现旅游最大价值化等知识观念，用旅游文化观念影响驴友们的价值观念，激发驴友对于旅游产品的情感需求，比如野外帐篷、炊具等；如果我们销售保健产品，那我们就要找到一些诸如健康协会一类的群体，给他们介绍营养、锻炼、保健等文化知识和理念，以此影响他们的价值观念，进而使他们产生对于营养保健品、健身器材等保健产品的需求；如果我们销售环保型手机，那我们就要寻找或建立环保产品推崇者的圈子，向他们灌输环保对于自己和他人的意义与价值等观念，宣讲非环保手机的害处、环保手机的好处等文化，借以激发他们对环保手机的需求。

总之，只要我们用心去思考，思考产品所附加的文化意义，并利用圈子文化的巨大影响力，借机向圈子灌输产品所附加的文化，逐步影响圈子成员的价值观念，进而影响他们的消费行为，这直接的结果就是销售了更多自己的产品。

与圈子领袖建立良好的关系

营销员要充分利用圈子领袖的力量，设法与圈子领袖建立良好的情感关系，通过影响领袖的价值观念和行为来间接地影响圈子内的其他成员。

圈子是一个由很多人组成的集体，一个集体一般都会有一个较有影响力、圈子大多数成员都认可的领袖，无论是正式的还是非正式的。领袖对于圈子的影响力量往往是比较大的，他能够在很大程度上影响圈内成员的观念和言行。

在一家房地产公司，有一位从业多年、对圈子营销很有研究的项目负责人，在他所负责策划的一个别墅项目中，销售员所接待的客户大部分都是由已经购买的老客户介绍来的圈内人士。这些老客户往往一个人介绍来5~10个新客户，有一个客户甚至连续介绍了20多个客户来他们这里买别墅。

原来，这个客户是当地一家台商俱乐部的核心成员之一，很有影响力。他第一次见到这个别墅区就特别喜欢这里的乡野情趣，于是就买了一套。后来，一位也是台商俱乐部成员的他的亲戚也来买了一套，这件事很快就在俱乐部内传开了。

于是，在一个周末的俱乐部聚会上，这位客户组织了一项活动，活动的其中一项内容就是带着俱乐部的一帮朋友浩浩荡荡地来看别墅，一行人有三十几辆车，一路奔驰地开到了这位别墅项目负责人的项目现场。他们看完之后，当天就定下了15套，随后几天又陆陆续续来了好几个俱乐部成员来买别墅。这是这位项目负责人从业以来所接触的最大一笔成交的记录。

应该说，此台商俱乐部的这名核心成员起到了非常重要的作用，他作为领袖的影响力为这个别墅项目做了绝妙的宣传，给该房地产公司以及相关人员带来了一笔可观的收入。

可见，把握并利用好圈子领袖的影响力异常关键。在对某种产品的看法上，圈子成员总会觉得圈子领袖的意见比营销员的意见更可信、更可靠。他们在情感上更倾向于相信圈子领袖而不是营销员，认可产品的圈子领袖对于产品在圈子内的正面宣传，将会给营销员带来巨大的效益。因此，要经营好自己的营销圈子，营销员要充分利用圈子领袖的力量，设法与圈子领袖建立良好的情感关系，通过影响领袖的价值观念和行为来间接地影响圈子内的其他成员。

那么，我们该如何与圈子领袖建立良好的关系，使其能够有效地促进自己的营销工作呢？

1. 要找准圈子领袖

要利用圈子领袖的意见来做自己的营销工作，首先就要找准圈子领袖，尤其是那些自发组织起来的圈子。选择圈子领袖要看他的意见能否代表圈内大多数人的意见，看他能否得到圈内大多数人的认可和接纳，看他能否影响并调动起圈内成员的行为，看他为人处世、待人接物是否大气、有修养、有头脑、有智慧，只有这样的圈子领袖才能有效地为自己的产品做好宣传。

2. 了解领袖的情况，与其建立信任关系

找准了圈子领袖之后，就要通过某些途径尽可能多地了解圈子领袖的有关情况，这是与其建立良好的信任关系的前提。我们要了解圈子领袖的职业、爱好、家庭状况、性格脾气、行为习惯、理想追求，了解他的价值观、人生观、消费观、各种需求等。随着对圈子领袖逐步深入的了解，双方的信任关系就会越来越牢固，这就会为下一步推销自己的产品打好了基础。

3. 建立良好的商业合作关系

根据对圈子领袖有关情况的了解，根据圈子领袖的情感需求，接下来就可以顺利地向其推销自己的产品了。对圈子领袖的产品推销也要遵循营销的基本原则和职业道德，比如，要设身处地地考虑圈子领袖的感受和需求，要真心实意地为圈子领袖提供优质的服务和便利，只有这样才能与圈子领袖建立良好的商业合作关系。

4. 借助圈子领袖推广产品和服务

在圈子领袖使用产品的过程中，营销员要经常与圈子领袖进行交流，了解他对于产品和服务的意见及建议，使他逐渐产生对于营销公司、营销员和产品更为牢固的信任。如果圈子领袖对产品十分满意，他可能会主动将这种产品告诉圈内其他人，主动宣传产品和营销员的好，这就是一种很好的免费广告。

营销员也可利用圈子领袖对于自己和产品的信任，主动要求他在圈子内推广产品，或者通过领袖将圈内人士集中组织起来，自己去做有关的产品或服务的推广会。

总之，在圈子营销中，圈子领袖是一个非常重要的人物，营销员要设法与其建立良好的关系，利用他来影响圈子内的一大批人，使自己的销售业绩实现倍增。

在圈子活动中，促进与客户的感情

在圈子活动中，不要忘记多与客户交流和沟通，给圈子成员提供有价值的信息和服务，满足他们的情感需求。

圈子的各种集体活动是最快的宣传各种信息的方式，也是促进与客户之间感情、有效营销的重要途径。通过圈子活动，客户加深了对营销员、对产品的了解，也加深了对营销员和产品的感情，从而会有效地促进销售。

20世纪初，欧莱雅曾和权威女性杂志《中国妇女》联合在新浪网开办了一个网站，叫做“伊人风采”，针对他们共同的目标消费群，提供丰富的有关女性话题如美容、服饰、婚姻情感等方面的信息，受到了广大女性消费者的欢迎。欧莱雅举办这一公益活动极大地满足了女性读者的口味，让她们对欧莱雅的好感日渐加深。欧莱雅这样做的目的，并不想强迫女性消费者直接进入到购买产品这个阶段，而是向她们提供所需要的信息，以此来吸引消费者，吸引消费者对其品牌产生和加深感情。

欧莱雅开办网站主要是面对全体女性消费者这一巨大的营销圈子，并为她们提供有益的资讯，通过这一活动满足了广大女性消费者的不同需求，也增进了她们与品牌的感情。欧莱雅的这种做法取得了很大的成功，网站开办一周内就吸引了1800万人。

某地一房地产开发公司在新楼盘上市之初，曾与当地一家大银行合作，由房地产公司出经费、银行出客户资源，一起在一家著名的高尔夫球场组织了一场别开生面的VIP客户邀请赛，还有奖品和礼品相送，爱好高尔夫的VIP客户自然对房地产公司有了好感。通过这次高尔夫球赛活动，房地产公司的项目产品成功进入了银行的VIP客户圈中，并获得了很好的宣传和营销效果，接下来的营销工作也很顺利。

这也是一个通过圈子活动来建立和增进与客户的感情并成功营销的例子。

可见，利用圈子活动来促进与客户的感情是非常有效的营销手段。因为绝大多数人都喜欢在集体活动中表现自己、获得尊重和欣赏、与其他人建立友好关系、获得自己所需要的信息、得到归属感等各种情感满足，自然也对活动组织者怀有感激之情。这就有力地促进了营销员与客户的感情，促进了产品的宣传和营销。

通过圈子活动促进与客户的感情，主要有以下几种方式和途径。

1. 自主组织有形的圈子开展活动

对于各类已经自发组织建立成功的圈子，我们可以组织一些相关的活动，通过圈子领袖邀请圈子成员参加活动。比如，销售运动器材和工具的单位可组织一场足球赛或篮球赛，邀请当地各足球协会、篮球协会等圈子来参加，借以增进他们对自己的好感，增进他们对自己的产品的了解，促进产品营销。

2. 组建自己的“客户圈子”举办活动

如果没有相应的有组织的圈子，也可以组建自己的客户圈子，并举办相应的圈子活动，增进与客户的感情。比如，眼镜营销商可利用自己的客户资源，建立“爱眼会”圈子，然后组织一些有关爱护眼睛的活动。

3. 赞助某些圈子活动

一些圈子经常会自己组织一些聚会活动，而很多规模较大的圈子，则基本上会定期举办各种各样的圈子活动。对于这样的圈子活动，我们可以给他们提供支持，比如，提供金钱的赞助、提供产品的赞助等，通过赞助圈子活动，也可以增进与客户的感情。

当然，在圈子活动中，不要忘记多与客户交流和沟通，给圈子成员提供有价值的信息和服务，满足他们的情感需求，这样才能真正起到增进与客户的感情、促进销售的作用。

增进圈子中客户之间的交流

如果圈子内客户之间缺乏有效的交流，这个圈子就会是松散的，容易缺乏凝聚力和向心力，圈子文化、圈子活动对圈子成员的影响也就会比较弱。

客户之间交流和谐通畅对于营销圈子的良性发展是非常重要的，尤其是客户之间对于产品或服务正向信息的交流，不仅可以增进不同客户之间的感情，也能增进客户与营销员、与产品之间的感情，可以有力地促进销售。

不管是什么产品，客户更愿意相信其他客户对于使用该产品的真实体验和感受，而不是营销员的推销。如果产品和服务是没有问题的，且客户间能够交流好的使用产品的感受和体验，其他客户就容易效仿、使用同样的产品，这是客户间的交流能够促进营销的一个重要原因。

对于一个营销圈子，如果圈内客户之间缺乏有效的交流，这个圈子就会是松散的，容易缺乏凝聚力和向心力，圈子文化、圈子活动对圈子成员的影响也就会比较弱，圈子营销的作用就难以发挥。比如，我们辛辛苦苦组织起了一个与自己的产品有关的圈子，将一群原本没有关联的人聚集在一起，但如果我们没有设法让他们之间有更多的交流，那么他们之间就缺乏牢固的共同利益和感情的根基，他们终将还会成为互不相干的陌路人，圈子也就失去了作用，更不用说圈子营销了。

因此，在建立了圈子后，还要想办法创造条件让圈子内的客户之间经常进行交流，增加客户之间交流的机会，增进他们之间的感情。

1. 组织召开客户交流会等活动

为促进客户之间的交流，营销员可积极想办法，给他们创造有利的相互交流的机会，比如，组织召开客户谈心会、产品使用交流会等，为客户提供更多的交流平台，让客户有充分的时间、机会进行交流，使他们获得更多的产品使用经验、产品经营的经验。

2. 做好客户间友好关系的中间人

很多时候，圈子中的很多客户之间最初是通过营销员才发生了关系，也就是说，营销员很多时候扮演着客户之间的中间人的角色。营销员如何做好这个中间人对于圈子的牢固建立、对于客户之间的和谐交流都有重要的影响。

因此，营销员要扮演好客户与客户之间的中间人的角色，比如，主动把一位客户介绍给另一位与他具有相似的价值观、理想追求或爱好的客户，不在任何一位客户背后说其他客户的坏话，不挑拨客户之间的关系，等等。

总之，只有设法促进客户之间的有效交流，才会稳固圈子客户之间的关系，才会使得圈子文化在营销中发挥积极的作用。营销员要做好这一功课，创造条件促进客户之间的交流。

有效化解客户之间的矛盾

对客户之间矛盾的评判和处理既要公平公正，又要尽可能地满足双方的利益和情感需求，绝不要激化客户之间的矛盾。

客户之间的良好关系是维持有效的圈子营销的重要条件，客户之间如果产生了矛盾，不仅会伤害客户与客户之间的感情，还会影响圈子的整体利益，影响圈子营销的顺利进行。

小王和小李同是一家照明灯具厂产品的经销商，且两家的店铺又离得不远，照明灯具厂的营销经理张经理是他们两人的营销主管。

小王人品好，经营也有方，他的生意很不错。而小李则差远了，由于他脾气暴躁，且很自私，时常不为客户着想，有很多客户宁愿绕远路也不愿意去他的店里买灯具，而是到小王的店里去买。

眼看着小王的生意兴隆而自己的店前却门可罗雀，小李心里很不是滋味，就明里暗里给小王使绊子。他经常跟一些不熟识小王的客户讲小王欺骗客户的事情（当然是编造的），恶意诋毁小王，或者私下压低某些灯具的价格，还时常故意找小王的茬儿，两人的关系越来越紧张，双方的生意也都受到了不同程度的影响。

张经理听说了小王和小李之间的矛盾之后，就找到他们俩分别谈了话，并找了一些客户做了调查，了解了事情的真相。之后，张经理给双方提出了共同的要求，比如，不能私自压价，同种灯具要统一价格，不争客、不在客户面前诋毁对方等。然后，张经理又单独给小李传授了一些商店经营的经验和方法，引导他如何更好地与客户处理好关系。

在张经理的帮助下，小李的经营态度发生了改变，小王和小李的关系也逐渐缓和，甚至还成了很好的朋友，两人经常在一起交流营销的经验。

不仅像小王和小李这样的中间经销商（上级营销主管的客户）之间会产生矛盾，圈子内直接的产品消费者之间也可能会产生矛盾，比如，两客户为了争抢一件更好的产品而吵嘴。无论是哪种客户之间的矛盾，都可能会影响营销员的工作，影响客户与客户间的和气，甚至影响客户与营销员之间的感情。

因此，在圈子中客户与客户间发生矛盾的时候，营销员要采取有效措施及时化解客户之间的矛盾，消除他们之间的芥蒂，以便为创建良好的圈子营销环境扫除障碍。

上例中的张经理在处理两个客户之间的矛盾时是比较合理而有效的，是值得我们借鉴学习的。一般来说，处理客户之间的矛盾，营销员可从以下几个方面入手。

1. 了解真相再作评判和处理

有些客户之间产生矛盾后往往会各执一词，公说公有理，婆说婆有理，如果营销员不了解事实真相就妄下论断或简单处理，就可能使得事情越来越糟，更深地伤害彼此之间的感情。因此，营销员在发现客户之间发生矛盾后，要先了解事实真相再作评判或进行处理，以免处理不公更伤了和气。

2. 制定规则，显示公平

在处理客户之间的矛盾时，要同时考虑到对立双方的利益，不要厚此薄彼，偏袒任何一方都是有害的。要制定双方都必须遵守的规则，让双方能够公平、公正地竞争和选择。

3. 根据客户不同需求分别满足

在公平公正的前提下，要分别了解每个客户的利益要求，尽最大努力满足他们不同的利益和情感需求。当然，这种满足以不伤害另一方的利益和感情为基础，最好经三方协商决定最佳的解决问题的办法。

总而言之，对客户之间矛盾的评判和处理既要公平公正，又要尽可能地满足双方的利益和情感需求，绝不要激化客户之间的矛盾，而是要尽可能地缓和双方的矛盾，以免伤了他们之间的感情，也伤了客户与自己的感情。

要求转介绍需考虑老客户的感情

要求转介绍需考虑老客户的感情，只有这样，老客户才乐意帮助你、为你介绍新的客户。

在营销中，“250 定律”是非常有用的一个定律。再伟大的营销员，一天所能开发的新客户也是有限的。而如果能够很好地利用“250定律”，利用老客户不断地转介绍新客户，那么，自己的客户数量就会成倍地增长。

但是，要求转介绍也是有技巧和条件的，如果盲目地要求老客户转介绍新客户，他也许会不愿意去做。

> 乔·吉拉德的大部分客户都是原来的老客户转介绍来的，他所采取的方式就是运用“猎犬计划”让老客户帮助他寻找新客户。每卖出一辆车，乔·吉拉德就会给这个客户写一封信，里面附上一叠自己的名片，信上注明任何人每介绍一个新客户向他买车，他就会付给介绍人（也就是猎犬）25美元的酬金。即使有人蓄意欺骗他说是某个他的老客户介绍来的，他的原则也是宁可错付，也不能少付任何一位介绍人的酬金。他说：“即使有人骗了我25美元，但我毕竟还是赚了销售一辆汽车的佣金。”

很多老客户都愿意为乔·吉拉德介绍新客户，这当然不是偶然的。客户之所以愿意为他效劳，是因为他从很多细节上都考虑到了客户的感情需求。比如，他从不得罪任何一个客户，因为在他看来，“得罪了一个客户，就等于得罪了250个客户”；他努力做到让每一个客户都喜欢他，也就是说他和客户的感情足够好；他做每一件事情时都会设身处地地考虑客户的感情需要，并设法满足他；他会为客户转介绍而给客户以回报，借以肯定客户的付出和努力；他会及时肯定和赞赏客户，让客户觉得为他付出是值得的。

转介绍有很重要的一点需要注意，那就是要考虑老客户的感情，只有这样，老客户才乐意帮助你、为你介绍新的客户。具体而言，考虑老客户的感情，要做到以下几点。

1. 做一个让客户喜欢的人

客户凭什么愿意为你服务？给你介绍新客户又不是他的义务！除非他觉得你这个人值得他为之效劳。每个人都愿意为自己喜欢的人提供服务，所以，要顺利实现转介绍，营销员一定要努力做一个让客户喜欢的人。想一想、问一问什么样的人最受欢迎，坚持照着去做，就会日渐成为一个让客户喜欢的人。

2. 让你的产品和服务无可挑剔

如果产品和服务有很多问题，客户可能就不会把它介绍给亲朋好友。大多数人都愿意把好东西推荐给亲朋好友，否则他会心里不安，甚至会损了他的名声，伤害了他与亲朋好友的和气。所以，顺利实现转介绍，还要保证你的产品和服务无可挑剔。

3. 给予客户的情感付出以回报

客户转介绍会付出情感，他把自己认为的好东西介绍给了他的亲朋好友，他也为营销员拉来了一桩生意。也就是说他为亲朋好友，也为营销员做了一件“好事”，这就是一种情感付出。营销员要对客户的这种情感付出给予一定的回报，比如，可以像乔·吉拉德那样给客户一定的金钱回报。

要求客户转介绍时，只要从以上几个方面注意考虑到老客户的感情，转介绍就会更容易实现。

建立一个有影响力的圈子

有影响力的圈子可以有效地影响消费者的消费情绪，促进产品的销售。要实现成功的圈子营销，可首先建立一个有影响力的圈子。

在美国，最有名、最具有影响力的俱乐部是哈雷摩托车俱乐部，他们代表了一种美国文化——自由、个性、激情。哈雷所代表的这种文化使得其用户也成了受尊重、受拥护的群体。美国的摩托车可以走高速公路，而且可以选择任何一个车道。每年摩托车的大赛选手，在华盛顿巡游的最后一站设在白宫，他们到达白宫的时候，总统都要出来亲自接见他们。

秦焕是把哈雷摩托车带入中国、点燃国内哈雷文化的第一人，他于

1993 年成立了国内最早的哈雷摩托车俱乐部——北京汉马哈雷俱乐部。2006 年 4 月北京哈雷·戴维森公司正式成立运营，中国内地第一家哈雷官方车友会分会（经由哈雷·戴维森公司而成立的正规组织）——北京哈雷车主会也于同年 10 月正式成立。哈雷车友会的准入制度从一开始就声明：只有从授权经销商那里买到经过认证的哈雷·戴维森摩托车的人才能成为哈雷车友会的成员。

如果把北京哈雷车主会分会定义为哈雷官方圈子的话，那么之前及之后没有或无法加入车主会的哈雷人都可以被归入民间圈子的行列。自然，北京汉马哈雷俱乐部凭其在业界的影响力理所当然地成为民间圈子的代表组织。

无论是美国哈雷摩托车俱乐部，还是北京汉马哈雷俱乐部以及北京哈雷车主会分会，在摩托车行业内可以说都是颇有影响力的圈子，他们都可以说是哈雷摩托车品牌最有效的宣传名片，传递着代表个性或身份地位的哈雷摩托车的品牌文化。

应该说，依托于品质过硬的哈雷摩托车产品的哈雷俱乐部这些“圈子”，对于哈雷的潜在客户的影响力是非常强的，它有力地宣传了品牌，更宣传了一种文化，让客户能够没有过多顾虑地接受该品牌。

哈雷俱乐部的例子其实是在说明，一个有影响力的圈子对于产品的宣传推广是非常重要的。同样的道理，曾经因红极一时的“超女现象”而形成的各种“超女粉丝团”，最终却成了相关实体和众多商家的“取款机”，这也是因为有影响力的圈子对于产品宣传和营销的重要影响。

以上内容告诉我们，有影响力的圈子可以有效地影响消费者的消费情绪，促进产品的销售。要实现成功的圈子营销，可首先建立一个有影响力的圈子。对此，营销员可选择一些忠实的产品拥护者组建一个小圈子，举办各种活动，逐步扩大他们的影响力，更深入地影响圈外的人，从而使得对产品有兴趣的圈子越来越大，销售也就会越来越容易。

第八章

用感性服务感动“上帝”

——全面尊贵的服务比产品更能打动客户

在营销工作中，服务是至关重要的一个环节。在情感营销时代，充满感情的服务会比产品本身更能让客户感动。就像一台计算机，产品只是硬件，而感性服务则是附之于上的软件，缺乏软件，计算机肯定无法良好运转，即使能够销售出一些产品，也会很快“死机”。因此，营销员要学会给客户提供充满感情的、全面尊贵的服务，以此促进销售良性循环下去。

你是否能给客户制造他需要的感性情境

为了给客户更好的、更人性化的服务，我们首先要努力为客户创造他需要的感性情境，先愉悦客户的各种感官。

在销售终端，影响客户消费情绪的因素主要有以下三个：卖场情境、商品本身和人员服务。设置卖场情境实际上也可以说是服务的一部分，因为卖场情境也需要人来实现，只不过这是间接的服务。

在情感营销时代，客户也需要感性情境，需要周围的销售情境能给予他感官或情感的满足。这主要是指卖场情境要充满感性，让客户处在卖场中就能体验到舒适、惬意、放松、感动等各种积极的情绪。这除了对卖场有宽敞、舒适、洁净、明亮等基本要求以外，还要求更多的感性元素的精心设计，比如，动听的背景音乐、悦目的色彩、让人感觉舒适的温度等，以最快、最直接的方式调动客户的情绪情感，从而激发客户的购买行为。

海南是中国唯一的热带海岛，优美的环境是它得天独厚的优势。正是依靠优美的环境，海南才吸引了大量游客，为当地旅游业创造了大量利润，促进了当地经济的发展。

提起海南岛，人们就会想到茂密的椰林，碧蓝的天空，清澈的海水，洁白的沙滩，纯净的空气。美丽迷人的自然风光，加上四季如春的气候条件，使海南岛成为人们休闲度假的理想之地。得天独厚的环境优势是基础，海南岛更是把环境保护和建设作为非常重要的内容，努力为游客创造更加优美舒适的环境。

为此，海南要求全民树立环境意识，要为环境添辉，而不要给环境减色，任何有损环境的事情都不能干。海南在经济发展方面坚持运用现代科学技术和管理方法，利用优美的生态环境，发展高效的生态型经济；工业发展必须坚持“三不”原则，即不污染环境、不破坏资源、不搞低水平重复建设。

海南的旅游业是依靠提供和创设优美的感性情境来吸引客户的典型例子，这样的情境让游客的感官都会感觉舒服惬意，进而心情愉悦、放松。

不仅旅游业可利用感性情境来吸引客户，其他产品销售也可以通过创设卖场的感性情境来吸引客户，通过环境来满足客户的感官享受，进而俘获他们的情感并促进产品的销售。在这方面成功的例子有很多，比如，一些咖啡厅大都环境优美，格调高雅，地板用红木砖铺就，设有舒适、淡雅的包厢及温馨浪漫的情侣间，里面有柔和的灯光、温情的音乐、散发清香的玫瑰，这种充满感性的环境让客户的心情很放松，很容易打动恋人们的心。肯德基、麦当劳也因为有干净整洁的环境，有孩子们可以尽情玩耍的娱乐区，有各种各样的玩具赠送等吸引了大量儿童。这些都可以说是感性情境所带来的效益。

所以，为了给客户更好的、更人性化的服务，我们首先要努力为客户创造他需要的感性情境，先愉悦客户的各种感官。可通过专业的感性情境设计，以客户的情绪情感体验为中心，创设一定的条件，充分调动客户的五官刺激以达到预期的满足客户情绪的效果。

感性情境设计可涉及以下几个方面：视觉，如外形、影像、灯光、周围环境和物件的颜色、空间布局等设计；听觉，如音乐、节奏的设计；嗅觉，即气味的设计，如星巴克的咖啡香味就是靠嗅觉吸引客户；味觉，即口感的设计，如珍珠奶茶给客户良好的口感；触觉，即手感等的设计，如光滑的柜台和墙壁。

以上这些方面感性情境设计的目的就是要通过创造符合人的感官体验需求的环境，给客户良好的感官刺激，进而使客户对这个环境产生依赖，也容易使他对产品产生依赖，从而促进销售。

为客户提供优异的人性服务

最能感动客户的往往不是一种好的产品，而是能否给客户提供周到的人性化的服务。因为只有人性化的服务才能在最大限度上满足客户的情感。

所谓人性化服务，就是指对客户的服务要以人为本，给客户以人文关怀，尽可能地给客户提供满足其人性需求的各种优质服务，从而有效地提高客户对服务的满意度，最终到达促进销售的目的。只有人性化的东西才能真正打动人，在产品营销中给客户提供人性化的服务是吸引客户、留住客户、使客户忠诚的重要手段。

有一次，一位男士乘坐东方航空公司的飞机去某地出差。到了目的地，飞机降落后，这位男士提着随身带的一捆纸质材料，走到了机舱的门口准备下飞机。在门口送客的空中小姐发现后，从衣兜里掏出了两块小方巾递给了男士，说："先生，请用小方巾裹着绳子，不要勒坏您的手。"男士被空姐的这一举动感动了，他感激地对她说："真是太感谢了啊。"此时，男士心底涌动着一股暖流：你们想得真周到！下次乘机我还要首选东航。

东航空姐提供的这一次额外的服务，虽只是一个不起眼的小细节，却有着强大的撞击客户情感的力量，这就是一种人性化的服务。这是每一个营销员需要学习、借鉴和利用的经营之道。向顾客销售产品时，最能感动客户的往往不是一种好的产品，而是能否给客户提供周到的人性化的服务。因为只有人性化的服务才能在最大限度上满足客户的情感。

山东淄博的“得益”牛奶并不是一个最好的牛奶品牌，在全国性乳品品牌广告狂轰滥炸的情况下，其销售渠道压力很大。

为打开销售通路，得益乳业招聘了上千位销售员，每人每天领10箱左右的牛奶，每天天不亮时就将牛奶摆在每个小区的门口。等那些晨练的人们回来，销售员就开始向他们推销牛奶。晨练的人对这些快要送到家门口的牛奶很有兴趣，有些人就顺便提几袋回去，方便、新鲜、价格又合适，如果不方便拿，销售员会将牛奶帮他们送到家。

每天下午下班前，销售员再把一箱箱“得益”牛奶码放在每一个小区的出入口，那些年轻人、中年人下班了，顺便带一箱牛奶回家，也省得跑远路去超市买了。

“得益”就是用这个方法，打通了销售渠道，集中资源运作，牢牢地把控了淄博市场，仅淄博当地市场就实现销售3亿多元。

“得益”的成功就是靠人性化服务来实现的，为客户提供“方便到家”的服务给客户带来了很多便利，这是其他很多牛奶品牌都没有做到的，因此，“得益”营销成功自然就不在话下了。

那么，具体应该怎样才能做到人性化服务呢？

1. 要维护客户的尊严和隐私

人人都爱面子，我们所提供的服务，应该让客户不会有感到窘迫、不自在的可能。比如，有的身体残疾人很要强，不希望自己成为别人眼里的弱者，不希望自己是依赖别人的寄生虫，为这样的客户服务时就不要过度地帮助对方做事情。

对于医院、心理诊所之类的服务机构，尊重客户的隐私权尤其重要。人对于自己的缺陷和不足大都有不喜欢别人知道和窥见的要求。对此，服务人员就要懂得保护客户的隐私，不向第三者泄露客户不愿让别人知道的秘密，比如，某种身体疾病、心理疾患等。

2. 给客户提供更多方便

在提供服务时应该细心替客户着想，让客户在使用服务的过程中感到舒适、方便。比如，服务中要做到：能让客户一次就能办完的事不要让他跑两次；能让客户只填一张单子就不要让客户填第二张单子；能让客户少写一个字就少写一个字；能让客户少花一点时间就少花一点时间；使用特殊的包装或袋子将不方便拿的产品包装起来，方便客户携带。另外，为老、弱、病、残等人提供方便的设备设施和服务通道，也是一种人性化的服务。

3. 帮客户处理好每一个问题

客户在购买、使用产品和服务的过程中，可能会遇到一些自己不能很好地解决的问题。比如，不知道如何办理程序，不知道如何正确使用产品，不知道如何消除故障，不知道如何解决退换货等事宜，等等。对于这些问题，我们要事先考虑周到，尽可能提前帮助客户解释清楚或提前帮助客户处理好相关事宜。

4. 在客户想到之前就做好

要做到人性化的服务，真正让客户感动，我们要尽可能地将事情在客户想到之前就把事情做好。比如，在客户需要某个东西之前就拿给他，客户没有想到的问题帮他处理好，在预测到客户会遇到什么困难时为他提供解决的办法，等等。这需要营销员要细心观察、用心思考，及时捕捉客户的情感需求。

总之，为客户提供人性化服务，就是要了解客户的真正需求，抓住客户的心，把服务做到客户的心坎上。

别拿承诺不当准则

在客户服务过程中，对客户绝不要轻易许下诺言，一旦许下诺言就要说到做到，不折不扣地践行承诺。

惜诺如金，这是中华民族优良的传统美德，信守承诺更是一个成功的营销员树立自我形象、赢得客户的关键品质之一。但是，由于当前市场竞争激烈以及市场资源相对稀缺，很多营销人员为了达到自己的目的，比如，为了实现更大的销量和业绩、拿奖金、晋升等，不惜给客户开“空头支票”，盲目对客户进行承诺，却又因种种原因不能信守承诺，最终误了客户也误了自己，失去了客户对自己的信任，伤害了自己与客户的感情。

有一年春节前夕，某品牌酒厂家营销员王磊为了完成本月的销售任务，决定节前对客户进行占仓压货，于是他给一名经销商刘老板打了个电话。

王磊：刘老板你好，我是酒厂王磊，最近生意不错吧？

刘老板：哦，小王啊，你好，生意还行。

王磊：这次打电话想跟你商量一件事情，你看快过春节了，现在也是酒的销售旺季，这个月公司给我们定的任务量50万元，月底以前你能不能完成？

刘老板：完成没有问题，但是这么多货拉回来没地方放呀，我可没有那么多仓库。你要是能帮我解决仓库问题，要求公司出钱把仓库问题解决了，我就把50万元的货拉回来。

王磊：如果你能完成50万元任务量，我就要求公司帮你解决占仓费。这样吧，你自己先垫资找仓库，我忙过这段时间就给你申请，这件事包在我身上，我一定帮你解决。但是产品你可一定要拉回来，行不行？

刘老板：既然你这么说，那我就派人去找仓库了，50万元货我按时拉回来。

最后，刘老板如期把产品拉回来了，但由于春节前是酒类销售黄金季节，产品供不应求，他的几千元占仓费公司没有批，这下让刘老板对王磊产生了强烈的不满，也让王磊陷入了尴尬境地。

在客户服务过程中，对客户绝不要轻易许下诺言，一旦许下诺言就要说到做到，不折不扣地践行承诺；否则，损失的不仅仅是客户，自己也会遭受巨大的损失。古往今来，大凡成功的商人无不看重承诺的价值，把坚守承诺作为一项绝对准则来对待。

我们知道，犹太人是最会做生意的人，他们如果对客户做出了某种承诺，就会无论任何代价都要兑现，即使损失了自己的利益。从下面这个小故事中，我们可以看出犹太人对于承诺的执著和认真。

有一位经销旧货的犹太商人经常让他14岁的儿子帮他照顾一下店里的顾客。店里有成百上千件的物品，父亲告诉儿子说：“人们喜欢讨价还价，所以我不标价格。你要知道个价格范围。”

父亲时常领着儿子在店里四处看，并给他介绍说：“1/4马力的马达你可以卖4美元。如果是冰箱，根据使用的情况，你可以在35～60美元之间卖掉。但如果冰箱有完好的冷冻室，就卖80美元；如果功能非常好，也许可以卖到100美元。要是密封垫松了，那就是垃圾，卖不到多少钱。盘子是随着整屋的家具买过来的，我定价的时候都不把盘子算在内。你可以以5～25美分的价钱卖掉……”

这个男孩每天放了学就骑自行车到店里去。有一次，有个顾客选中了一个漂亮的盘子，男孩向他要价1美元，顾客毫不犹豫地就答应了。男孩正在填写销售单时，父亲走了进来，他扫了一眼儿子正在填写的单子，就转身对顾客说，“你今天真是买到便宜货了。我的雇员给你这个价格，那就是这个价了。”

后来，男孩才知道，原来他卖的那个盘子是个古董，值好几百美元。他不明白当时父亲为什么没有阻止他卖给那个顾客，他本来是想努力帮父亲赚钱的，相反却让他赔了钱。

父亲对儿子说：“如果我想的话，我本来可以阻止这次交易。你当时在填写销售单，钱也还没有收，再说，你还未成年，你也不懂古董，我们想反悔是情有可原的。但是，犹太人信守自己以及他的代理人的承诺。”

这个男孩最终明白，父亲花了一笔钱，教会了他正直、教会了他要信守承诺，这让他受益终生。

犹太人做生意时，对于承诺的兑现是没有借口的，即使是一个无知的孩子向客户许下的诺言。把承诺当做没有任何理由地去遵守的准则，正是这种优良品质，才使犹太人在商界树立了很好的口碑。

客户与营销员做生意，图的就是踏实、放心，营销员许下承诺不兑现，客户就会失去安全感，就难以再认可和信赖这个营销员。因此，在客户服务中，永远要把承诺（无论是口头的还是书面的）当成必须遵守的一个准则，只答应自己有把握做好的事情，并且无论如何、想尽一切办法也要去实现，没有把握的、不能确定的事情不要随便向客户许诺，但也一定要尽力去做。

关注细节更能打动客户

关注细节，更容易让客户感动，尤其是客户没有想到的细节问题。

“千里之堤，溃于蚁穴”，一个不经意的疏忽，其破坏力往往是惊人的。在客户服务中，营销员一个细节的疏忽，往往会损失掉一笔大生意，甚至会带来一系列消极的后果。下面这两个故事会给每个营销员以教训。

故事一：

国内有一家制药厂，准备引进外资，扩大生产规模，他们邀请了德国拜尔公司派代表前来药厂考察、谈判。这个价值上千万的合资谈判项目进行得很顺利，德方很满意。在进行了室内会谈之后，药厂厂长又陪同外商代表参观工厂，在参观制药车间的过程中，药厂厂长随意地吐了一口痰，拜尔公司的代表清楚地看到了这一场景，他们马上拒绝继续参观。

最后，德国拜尔公司撤回了全部投资，终止了与这家药厂的合作，原因就是药厂厂长随地吐了一口痰，外商代表不能信任一个有这样不良行为的人能管理好一个制药厂。

故事二：

一位女顾客每个星期都无一例外地到附近一家杂货店购买日常用品。在持续购买了3年后，有一次，一位服务员对她态度不好，此后，她就每星期到其他杂货店去购物。12年后，这位女顾客再度来到这家杂货店，并且决定告诉老板，为何她这12年不再到他的店里来购物。

老板很专心地倾听着，并且不断地向女顾客道歉。等到这位女顾客走后，老板拿起了计算器，开始计算杂货店这12年因为流失这位女顾客的损失。假设这位女顾客每周都到他店里花25美元，那么12年她将花费1.56万美元。

只因为12年前服务员的一个小小的疏忽，就导致了这个杂货店少做了1.56万美元的生意，小疏忽带来了多么大的损失啊！

可见细节疏忽的后果。的确，在营销工作中，很多营销员失去客户通常就是因为一些看起来似乎无关紧要的细节没有做好。千里之行，始于足下，客户对于营销员的信赖和感动往往是源于一些细小的举动，如果能够做到关注服务工作中的细节，为客户提供真正细致入微的服务，相信营销员就会赢得更多客户的信赖和认可。

赵阳是一位高级住宅推销员，她从来不会错过为客户提供任何细致服务的机会。她说："我一直坚持为客户提供那些与房地产推销不大相干的哪怕很细小的服务。比如，我会为他们提供各种琐碎的信息，告诉他们有关周围的学校、宠物馆、家政服务、哪里的菜便宜、哪里的衣服花样多等各方面的信息。当客户不在家时，我会与保安联系，要求他们加强对客户房屋周围的巡逻保护，我有时会帮助客户搬运家具或帮他们布置房间，甚至偶尔接送客户的小孩上下学。"

在必要时，赵阳还会毫不迟疑地自掏腰包为客户办事。有一次，一对夫妇刚搬进新居，却发现缺少车库大门的遥控器。因为这套房子是二手房，卖方已经搬到别的城市去了。于是赵阳马上用自己的钱买来新的遥控器作为补偿。

正是赵阳这种细致入微的服务，才赢得了很多客户的信赖，他们欣赏她的细心周到，所以也会热心地为她介绍新客户。

细节服务是高水平服务的一种表现。关注细节，更容易让客户感动，尤其是客户想不到的细节问题，把这些细节问题帮助客户解决好了，就真正把服务做到了客户的心坎上。

细节服务应该以人为本，以考虑客户的每一个细小的利益为前提基础。细节服务不能仅停留在口号上，而是要脚踏实地地用行动去实现，力求通过自己的每一个微不足道的举动去满足客户的要求。那就是要求我们仔细观察、缜密思考客户每一种细微的需要，并设法去满足他。比如，荣事达规定洗衣机维修人员到客户家中上门维修时，必须随身携带一块红地毯，所有的操作都在红地毯上进行，维修完毕后，把红地毯一卷，不会弄脏客户家的地板，避免给客户添麻烦；创维也提出上门服务时自带鞋套，自带一块抹布用于清洁，自带一块垫布用于操作维修，不在客户家中吸烟、喝水，不准使用客户家的电话等细节上的要求。

总之，做好细节服务要求营销员时时处处做一个细心人，细致地发现客户的每一个细微的情感需求，并用心、用情去满足他。

成为客户知冷知热的知己良朋

要真诚地关心客户的苦乐，努力成为客户知冷知热的知己良朋，帮助他解决困难，分享他的快乐，分担他的烦恼。

在营销工作中，对于营销员与客户之间的客情关系，我们可以分为以下几种不同程度的水平。

（1）营销员把产品销售出去以后就不再与客户接触联系；

（2）营销员把产品销售出去后，鼓励客户在遇到问题或有意见的时候跟自己联系；

（3）营销员把产品销售出以后主动联系客户，询问客户产品是否符合自己的要求，有何不满或改进建议，有何不清楚、不明白的问题；

（4）营销员不断联系客户，不仅征询有关产品或服务的意见和建议，还向其提供有关改进产品用途的建议以及新产品、新服务的信息；

（5）营销员是客户的知心朋友，及时帮助客户解决问题，支持客户成功、帮助客户不断完善生活。

在以上这几种客情关系中，第五种客情关系是实现营销员与客户双赢的最佳关系。真正让客户感动的客情关系就是使自己成为客户知冷知热的知己良朋，用心、用情帮助客户解决生活中遇到的难题，哪怕是与产品或服务无关的难题。

在一家烟草公司做烟草销售工作的小徐是个年轻的小伙子，他做这项工作已有两个年头。在工作期间，他碰到了一位很“难缠”的零售卷烟客户，这位客户起初没把小徐放在眼里，但最后却把他当成了知心朋友。

事情经过是这样的：

小徐初次去拜访这位客户，一见面便向他作了热情的自我介绍：“王老板您好，我是烟草公司的客户经理，从现在开始由我为您服务。您如有什么问题或困难的话，我会尽力帮您解决的。”

“你是谁我管不着，你来不来也无所谓。你说帮我解决问题，你能解决什么问题？你又能比我原来的送货员强多少？我现在缺 20 条一品梅，有本事的话，给我弄点过来。”小徐没想到自己的热情却换来对方的冷脸。于是，他连忙向客户解释：“现在，一品梅烟和红杉树烟都是紧俏货，暂时还不能满足您的要求。不过，我建议您在新进的牌号梦都、芙蓉等品牌烟上下工夫……”

“别瞎扯！新牌子没打开市场，卖不动，谁要啊？”客户不听小徐的解释，要赶他走。

回去以后，小徐就思考这位客户为什么会是这种态度。经过了解和思考，他分析，客户是因为最近在经营中遇到了一些难题，且他对客户经理的工作还不太了解，所以才有如此表现。

于是，小徐又一次拜访了这位客户，一进门，他就开门见山地对客户说："王老板您好，我又来拜访您了。从上次谈话中，我感觉您最近好像遇到了麻烦，我能理解您的苦衷。现在市场竞争很激烈，买卖实在是不好做……"

"既然你理解我的苦衷，为什么还不帮我弄点好卖的烟来？就知道说漂亮话！"小徐没有被客户这句冷而带刺的话吓退，他平静了一下情绪，心平气和地说："就目前来看，一品梅烟和红杉树烟暂时还不能满足市场的需求，我也确实无能为力。我还是觉得最好能在芙蓉烟上下工夫，它不仅包装精美、价格适宜，而且货源充足、口味也不错。只要多向顾客推荐，不仅能增加销量，还能带动其他商品的销售，您不妨试试。"

见小徐说得这么真诚，客户不再那么排斥他，但也不吱声。过了半天，客户才说："听你这么说，我心里倒豁亮了不少。唉！现在的买卖真是太难做了。这不，店里有的烟，顾客不想买，而顾客想买的烟，我又进不来，加上好多青壮年烟民都外出打工，最近生意不景气，我心里着实窝火。"

随后，客户还非常客气地请小徐帮他出谋划策："你是跑市场的，见多识广，根据我这小店目前的状况，你说以后该怎么经营？"听到客户这样问他，小徐从货源品种到进货渠道，从商品摆放到店面的环境布置，从新品牌烟的推介技巧到店面宣传牌的设计等方面一一做了详细的讲解。客户边听边记，最后他感慨地说："没想到这里边还有这么多道道。难怪自己的小店不赚钱，原来是自己经营上太死板了。是啊，总不能在一棵树上吊死，这次听你的，我先要几条芙蓉烟试试，看看好卖不。"

果然不出所料，在小徐的指导下，几条芙蓉卷烟很快就卖完了，这一新品牌的烟在附近打开了销路，其他商品的销售也跟着好了起来。

客户尝到了甜头儿，也彻底改变了对小徐的看法，把他当成了自己的知心朋友，每次遇到小徐不是向他学习经营经验就是和他说说买卖中的烦恼和快乐。

小徐从最初的不被客户认可，到最后成了客户的知心朋友，在于他用真诚的心帮助客户解决了经营中的大难题，消除了他的烦恼。

要想从根本上感动客户，与客户建立起良好的业务关系，营销员就要像小徐一样，要了解客户的烦恼和快乐，了解客户遇到的困难，努力成为客户知冷知热的知己良朋，帮助他解决困难，分享他的快乐，分担他的烦恼。

服务，以不求购买为目的

要赢得客户的感情，营销员给客户提供服务时，要以不求购买为目的，这是很多优秀的营销员用实践证明了的成功经验。

很多营销员在工作中常常会表现出很强的目的性，是否提供服务是以客户能否购买产品为标准。甚至有时候，等到客户购买了产品、客户的钱到了自己的手中，有些营销员就以为大功告成，就连最基本的售后服务也会打个折扣，敷衍了事，这其实是非常短利的行为。

娜娜是一家品牌化妆品店的新雇员，她热情好客的性格最初让老板很赏识。因为刚开始工作的一段时间里，好多经娜娜服务过的客户都高高兴兴地买了一两样化妆品回去。

这一天，娜娜照常微笑着接待每一位客户。这时，进来一个年轻的女孩，娜娜热情地走上前。女孩不断地询问着各种不同品牌的化妆品的优劣，了解不同化妆品种类的功用，还不时向娜娜询问一些有关美容的知识。娜娜依靠自己以前学过美容的底子，开始给这个女孩一一讲解起来。娜娜以为这个女孩最后会买上一大堆的化妆品，各种功用的都来一瓶，所以她有些兴奋，希望做成一桩大买卖，一直给她讲了近一个小时、口干舌燥才停了下来。

然而，可惜的是，娜娜为女孩费了那么多的口舌，女孩到最后却来了一句："我再到别处去看看。"什么都没买就走出了化妆品店。

第二天，这个女孩又来到了娜娜的化妆品店。娜娜心想：这下她该马上爽快地掏钱买化妆品了吧。于是就问："小姐，你还是回来了，要买什么化妆品呢？"

没想到女孩却说："我再看看，不同品牌的、各种功用的产品都再给我讲解一下吧，我对化妆品不是很懂，得多了解一些。"不知是不喜欢女孩那一张冷冷的脸，还是对女孩只问不买的做法生气，娜娜有些不快地说："那你到底买不买？我昨天已经给你讲过了，你要是不买，我还是别再浪费那么多口水了。"年轻而又缺乏经验的娜娜说话很直，她只顾着自己心里痛快，没有考虑到客户的情绪。

女孩见娜娜如此慢待她的样子，见她功利心如此明显，心里有些不悦。女孩再问娜娜什么问题时，娜娜已经懒得回答，常常用短短一句话或几个词来应付她。最后，女孩没再问什么，也没再说什么，而是转身走出了化妆品店。

娜娜的态度最终使自己失去了一位大客户。原来，这个女孩是一家美容院的服务人员，有多种化妆品由于某种原因他们不能从厂家及时提货，就临时到品牌化妆品店来购买一些用。这些情况是娜娜的老板从她的好朋友——另一家品牌化妆品店的店主那里知道的，因为这个女孩就是从她那里购买了总共两个品牌的十余种化妆品。

娜娜的服务目的性很强，当她觉得客户是要买东西时就为对方热情地服务；当她发现客户似乎不想购买时，就有些着急，服务的标准也跟着降了下来。这种无意中流露出来的心态给客户一种很不舒服的感觉，会让他觉得营销员功利心太强，认为营销员提供服务的目的就是想尽办法地赚取他更多的钱。

要赢得客户的感情，营销员给客户提供服务时，要以不求购买为目的，这是很多成功的营销员用实践证明了的一条营销成功的经验。下面这个事例说明了这一经验的正确性。

有一次，一位中年妇女独自在家忙着做家务。这时候有人敲门，一个女孩来推销一种洗地毯的水，中年妇女一向对推销员不感兴趣，就想要拒绝女孩的推销。但是这个女孩经过专业化的训练，她说："太太，您不买我们的产品没有关系，我只是想告诉您，现在市场上已经有了这种洗地毯的水，你可以看一看。你们家的地毯很漂亮，有没有什么地方有一点点脏，我帮你去清洗一下。"见女孩很诚恳，而且这位中年妇女也确实第一次听说洗地毯的水，就打开了门，让女孩进来。餐厅的地毯上有孩子洒的一些可乐水，中年妇女对女孩说："看你能不能帮我清洗掉这个。"女孩得到了主人的允许，就把一点清洁剂倒在地毯上面，用布擦一擦，然后再用干净毛巾一抹。那里的污点真的就不见了，中年妇女很好奇，一下子买了两瓶。

这就是服务的最高境界，这是每一个成功的营销员都应追求的境界。发自内心的服务不会要求客户以购买产品作为交换，这种服务能够为自己创造口碑，进而会直接影响到销售。

把客户的意见和建议放在心上

作为营销员，不仅要善于倾听客户的意见和建议，更要把他们的意见和建议放在心上，尽最大努力协助有关部门解决客户提出的问题。

客户是产品和服务的真正的上帝，因为，只有客户在使用产品和服务的过程中才会对产品服务有真切的感受，他们对于产品和服务的好坏最有发言权。因此，作为营销员，其工作内容之一就是要用心倾听客户的意见和建议，了解客户对于产品和服务的想法和感受，并设法解决他们的问题。这一方面可以为进一步改进产品和服务提供参考，另一方面也体现了对客户的尊重。

客户的意见和建议有的是对产品某些方面的不满，有的是对产品的肯定和赞赏，有的是对产品的期待和愿望。无论是不满还是肯定，或者是愿望和期待，都可能会成为营销员做好下一步工作的有益的经验，只有了解了这些，营销员才能够更好地去改进产品和服务，以真正满足客户的情感需求。

日本松下电器创始人松下幸之助曾经说，生意人应该把卖商品当做嫁女儿那样来对待，女儿出嫁后，父亲会时时担心她婚后生活是否美满，并设法了解女儿的生活状况。生意人若对客户买的商品也有这样的心态，就会发自内心地去关心客户的需要和感受，并想法了解商品是否能实现客户的心愿，例如，他会去问客户“使用产品后是否满意”“到底有没有发生故障”“遇到问题或故障知道怎样解决吗”等。如果每天都能抱着这种心态做生意，必能赢得客户的支持和忠诚。

20世纪80年代，为了让“电熨斗”这一产品迅速在趋于饱和的市场状态下能有所突破，松下公司专门召集了几十名不同年龄的家庭妇女，她们都是使用该电熨斗的客户，通过她们了解客户对于该产品的意见和建议。松下公司让她们毫不客气地为“松下电熨斗”挑毛病，其中有一位妇女说：“熨烫时如果没有电线就方便多了。”松下公司采取了客户的这一建议，于是生产出了世界上第一台无线电熨斗。

如此尊重客户的意见和建议，也是松下电器品牌赢得广大客户信赖的一个重要原因。所以，作为营销员，不仅要善于倾听客户的意见和建议，更要把他们的意见和建议放在心上，尽最大努力协助有关部门解决客户提出的问题。具体可从以下几个方面去做。

1. 了解客户的意见和建议

在售出产品、客户使用产品的过程中，营销员可以通过电话或邮件调查访问、实地走访调查访问、使用调查问卷等不同的方式和途径，了解客户在使用产品的过程中遇到了哪些问题，有哪些好的意见和建议，倾听客户真实的心声，以此作为更好地为客户服务的参考依据。

2. 及时处理客户提出的问题

在了解了客户的各种意见和建议后，营销员要注意将这些信息分门别类，有针对性地去解决。比如，对于产品设计方面的问题，可将客户的意见反映给产品生产部门，要求其改进设计；对于产品售后服务过程中的问题，能够解决的就要及时解决，不能及时解决的要真诚地向客户说明原因，以求得客户的谅解，力求做到让客户最大限度的满意。

总之，客户的意见和建议是做好下一步工作的重要参考，营销员要对其重视起来，用心倾听客户的意见和建议，并设法解决其意见和建议所反映的问题，争取每一项工作都做到让客户满意甚至感动。

把客户的投诉当做一件礼物

客户进行投诉对于营销员来说是一次很好的改进自己工作的机会，营销员理应把客户投诉当做一件礼物，用真诚的态度和切实的行动去处理它。

客户投诉是营销中不可避免的事情，客户如果对产品或服务的某些方面不满意，甚至自己的利益因此而受到了严重的损害，就会激起他的强烈不满，进而会促使他通过投诉来获得问题的解决。

一般情况下，客户更倾向于向周围的人传播对于产品服务的不满而不是满意的地方，正所谓“好事不出门，恶事行千里”。对产品或服务越不满意的客户越容易通过口耳相传的方式宣泄他们的不满，这种现象很容易造成产品坏口碑的产生。

如果营销员能为客户投诉提供方便，鼓励客户投诉，鼓励客户表达对产品和服务的不满，并妥善处理这些投诉，客户不满意的程度就会下降，甚至还会继续购买产品。因为人们相信“人无完人”“知错就改就是值得信赖的”，这样的话，产品坏口碑将会减少，良好口碑将会产生。

有时候客户投诉仅仅是为了倾诉他们的消极情绪，或者获得一个公道的说法借以维护自己的尊严。如果营销员或销售企业不能给客户投诉的机会，客户找不到一个可以倾听他反映问题、表达不满的人，他就会去寻找另一个听众，通常是其他消费者，这就是坏口碑产生的原因。同样，如果营销员没有妥善地处理客户的投诉，没有很好地弥补不完善的服务，就会产生恶性的连锁反应，让产品及服务品质进一步恶化，客户更加不满，他们会更广泛地散布这种不满，从而增加产品的市场风险。

在现实生活中，并不是所有对产品或服务不满意的客户都会选择投诉，比如，五个人中可能会有一个人选择投诉，或者十个人里有九个人不愿意去投诉。原因是很多人都怕麻烦，不愿意浪费时间、精力、钱财去投诉，担心投诉了也不会得到很好的处理结果，只会让自己更加不痛快，因此很多客户会认为多一事不如少一事，碰到对产品或服务不满这样的事情就会自认倒霉。所以说，如果客户对企业或营销员缄口不言，并不意味着他们对产品或服务就没有怨言，他们可能会向别的消费者抱怨。事实上，能够主动投诉的客户更有可能继续购买产品，如果他信任产品的话，如果他的投诉能够得到妥善处理的话；而不主动投诉的客户往往只会向其他人抱怨不满，这对于他的问题解决没有丝毫帮助，甚至只会增强他对产品或服务的恶劣情绪，从而会放弃继续购买。从这个意义上说，客户投诉就更加不可小觑，更应该慎重、妥善对待，因为有一个人投诉，可能就说明已经有很多人对产品或服务产生了不满。

为了满足客户的利益、让客户满意，也为了维护产品和服务的信誉、利于营销员和企业的长远利益，达到双赢的目的，营销员就要用心倾听客户的投诉，并妥善处理客户投诉。最好的对待客户投诉的做法，就是努力将客户投诉当做一件珍贵的礼物，甚至把客户投诉处理到极致，让客户感动。

客户进行投诉对于营销员来说是一次很好的改进自己工作的机会，营销员理应把客户投诉当做一件礼物，用真诚的态度和切实的行动去处理它。那么，面对客户的投诉，我们到底该如何做呢？

1. 平复客户的不满情绪

很多客户投诉常常会带有强烈的不满情绪，这种情绪是由产品或服务的不足引起的，所以，营销员接到客户的投诉，首先就是要真诚地道歉，并帮助客户平复不满情绪，那就是要耐心倾听客户的抱怨，并承诺一定采取实际行动解决客户的问题，让客户真正放心下来。

2. 要感谢客户的投诉

不管客户的投诉是否合理，是否符合实情，我们都要站在客户的角度考虑，要发自内心地感谢客户的投诉，告诉他："谢谢你，我很高兴你能告诉我这些问题，因为这给了我一个提高服务质量的机会，这也是我想要达到的目的。"这种感恩的态度会让客户感受到被尊重甚至被欣赏，从而使他增强对营销员的好感。

3. 迅速纠正错误、解决问题

向客户承诺了要解决问题，就要立即兑现承诺，马上帮助客户解决问题、纠正自己的错误。一个问题及时、完美的解决会让顾客心存感激，这会让客户感觉到营销员是真心实意地为他着想。

4. 尽可能地弥补客户的损失

如果客户因为不良的产品或服务而进行投诉，且不良的产品或服务给客户带来了某种程度的损失，比如，经济损失、精神损失等，营销员了解情况后，要尽可能地弥补客户的损失，比如，可公开道歉、赠送礼品、赔偿金钱等，以消除客户心中的不满，增加客户对营销员的信赖。

相信通过以上几个步骤的努力，营销员就会妥善处理客户异议，帮助客户消除心中的不满甚至怨恨，还会增加客户对营销员的好感和对产品的依赖。这种结果自然会促进营销员的销售，提升营销员的业绩。